本书系浙江省社科联社科普及课题项目 20KPD36YB
《遇见一带一路上的浪漫国度——我们眼中的法国文化》成果

游「说」法国文化

楼高羽 ——— 著

VOYAGER EN
FRANCE

ZHEJIANG UNIVERSITY PRESS
浙江大学出版社

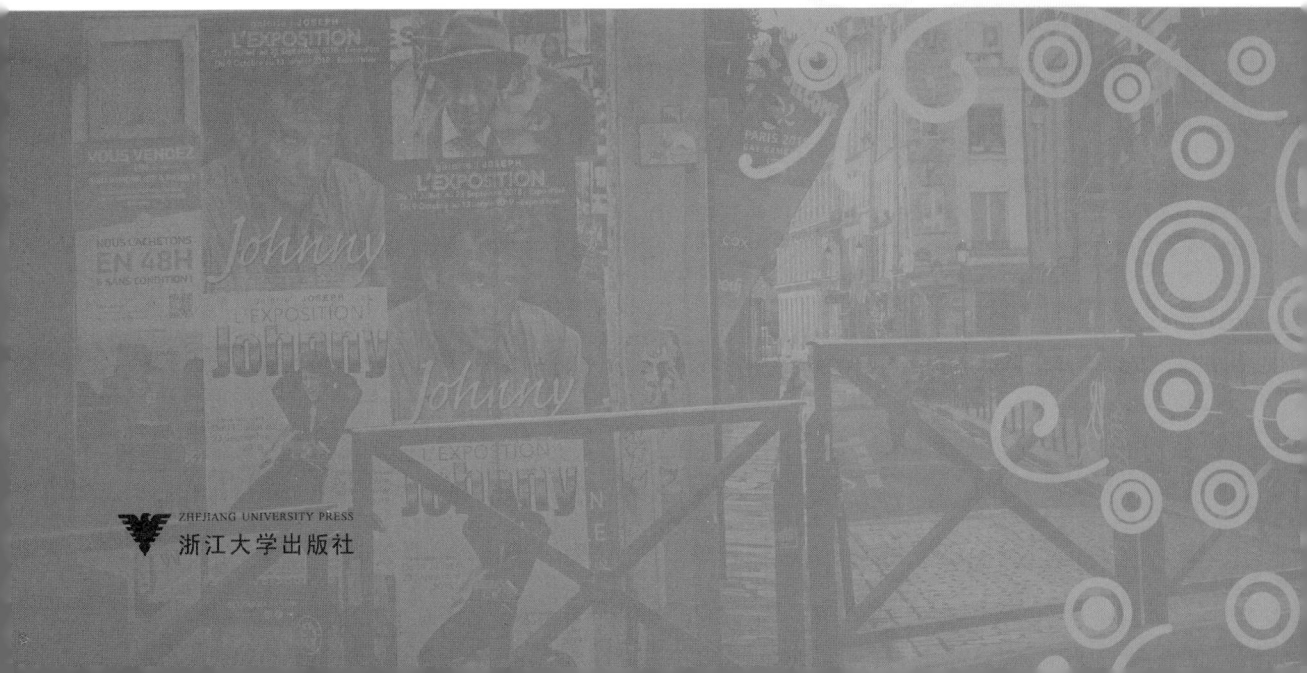

图书在版编目（CIP）数据

游"说"法国文化 / 楼高羽著. — 杭州 : 浙江大学
出版社, 2021.7
　ISBN 978-7-308-21258-8

　Ⅰ. ①游… Ⅱ. ①楼… Ⅲ. ①文化研究－法国
Ⅳ. ①G156.5

中国版本图书馆CIP数据核字（2021）第063884号

游"说"法国文化

楼高羽　著

责任编辑　李　晨
责任校对　杨　茜
封面设计　春天书装
出版发行　浙江大学出版社
　　　　　（杭州市天目山路148号　邮政编码310007）
　　　　　（网址：http://www.zjupress.com）
排　　版　杭州兴邦电子印务有限公司
印　　刷　杭州杭新印务有限公司
开　　本　787mm×1092mm　1/16
印　　张　10.5
字　　数　210千
版 印 次　2021年7月第1版　2021年7月第1次印刷
书　　号　ISBN 978-7-308-21258-8
定　　价　39.00元

浙江大学出版社市场运营中心电话（0571）88925591；http://zjdxcbs.tmall.com

前　言

　　法国是欧洲的核心国之一，也是联合国安理会常任理事国。它是第一个同中国建立大使级外交关系的西方大国，也是第一个同中国建立全面战略伙伴关系和进行机制性战略对话的西方大国。2019年为中法建交55周年，中法全面战略伙伴关系引领着中欧关系和中国同西方国家的关系发展。2019年3月，习近平主席对法国进行国事访问并发表了《在共同发展的道路上继续并肩前行》的署名文章，开创了两国交流发展的新纪元。

　　随着中法两国交流愈加频繁，法语也受到大众的关注，带动了一股学法语的风潮。然而，学习一门语言需要坚韧不拔的毅力、持之以恒的练习，是一段旁人看来"充满艰辛"的过程。法语亦是如此，这门优雅的语言又被称为一门精准的语言，让不少初学者为此犯愁：为什么桌子（table）是阴性？为什么玻璃杯（verre）是阳性？什么是条件式？什么又是虚拟式？为什么法语的数字要那么计数？为什么说好是语法规则却还有例外？

　　为了让初学者不再被语言的规则所困扰并且能更深入地解读法国文化，我们采用来源于生活的真实资料，将词语带入语境之中，通过生动的画面加深读者对法语单词的记忆，使读者在学习中"身临其境"，带入角色去寻找想要的信息和答案，理解这一种语言诞生过程中所伴随着的历史、艺术、社会、习俗、宗教及政治、经济文化。在注重兼顾文字趣味性和文章知识性传达的前提下，帮助读者学习法国文化、提升语言技能。

　　本书分为八章，分别包括法国的地理概况、特色美食、传统节日、旅游风景、文化狂欢、法国品牌、社会百态、中法商务往来等内容。与用相对固定、中规中矩的语言讲述法国文化不同，我们采用深入语境、融入场景的讲述形式，引领读者走进文化盛宴的精神之旅：法国人的衣食住行和日常烦恼，来自米其林之国的饕餮盛宴和法国人最爱的小食，法国人如何度过如同我们的春节一般的传统节日，吸引人的法国大城市风光与小乡村的风景线，每年都令人心驰神往的文化活动盛典，令人无法不折服的奢侈品购物天堂，影响当今法国人的社会现实忧虑，本土法国人的线上购物体验，电商平台发展对法国人日常生活的影响……用生活化的语言文字让读者放下自我，无限贴近法国人的日常生活，走进法国现实社会的各个领域和生活中的每个细节，揭开法兰西"浪漫之国"的神秘面纱。

每章分为3～5节不等，每一节包括一篇主题文章并链接一篇文化小贴士。每节后附加法、英、中三语对照的例句，并运用二维码功能扩展线上的深入阅读。各个部分各自独立又相互联系，以图文并茂、语言活泼的叙述形式打开读者视野，展现法国多元文化的深厚底蕴，在畅谈法国文化的同时，也促进学习者对法国语言的学习和对线上线下融合促进中国经济发展的思考。

本书从法国文化视角出发，以中法文化交流为依托，一方面通过文化的交流增进彼此的理解认同，从法国历史、传统文化、节日习俗、民族特性和商务习俗入手，全面系统地分析中法文化差异，帮助读者了解法国文化习俗，避免文化冲突差异成为社会交际行为的障碍；另一方面，旨在增强法语学习者与法国本地人之间的交流沟通，加强对中法两国经贸合作往来的学习，在中法双边经贸合作规模总体呈扩大趋势的现状下，帮助我国企业充分挖掘法国市场的发展潜能，洞察且开拓法国多元化的经济市场，推动两国共建"一带一路"合作，带动第三方市场合作的稳步推进。

最后，希望阅读此书的读者都能有所收获，在繁忙冗杂的学习生活中感受到轻松愉悦。

作者

2021年3月

● **Chapitre 1** 法兰西在哪里？ La France, c'est où ?

1.1 法国基本概况 La situation générale / 1

1.2 我们所熟知的法语国家与地区 La Francophonie / 7

1.3 法国，这个移民国家！ La France, un pays d'immigration ! / 13

● **Chapitre 2** 餐桌上的法国人 Les Français à la table

2.1 米其林指南 Le Guide Michelin / 17

2.2 美酒加咖啡，一杯又一杯 Le vin et le café / 21

2.3 代代相传的奶酪和法棍 Le fromage et la baguette / 27

2.4 与浪漫不谋而合的法式糕点 La pâtisserie / 33

2.5 法餐三大宝——鹅肝、松露、鱼子酱 Les trois spécialités en France: foie gras, truffe et cavier / 38

● **Chapitre 3** 法国人的传统节日 Les fêtes traditionnelles en France

3.1 国王薄饼——三王来朝节 La fête des Rois / 43

3.2 全国都凑热闹的国庆节 La fête Nationale / 48

3.3 法式"清明节"——诸圣瞻礼节 La Toussaint / 52

3.4 加入你的愿望清单，来法国过一次圣诞节 La fête de Noël / 57

● **Chapitre 4** 出行吧，这里风景独好 Les sites touristiques en France

4.1 流动的盛宴——巴黎 Paris, un festin mobile / 63

4.2 为之动容的城市风景线 Le paysage en ville / 69

4.3 法式乡村生活 Le paysage à la campagne / 74

● **Chapitre 5** 法国人的文化狂欢 Les festivals en France

5.1 夏日音乐节嗨翻天 La fête de la musique / 80

5.2 世界戏剧人的心之所向——阿维尼翁戏剧节 Le festival d'Avignon / 85

5.3 明星扎堆——戛纳电影节 Le festival de Cannes / 90

5.4 五分钟了解环法自行车赛 Le tour de France / 95

5.5 法国人——在欢乐中阅读 Lire en fête / 100

● **Chapitre 6** 法国品牌知多少 Les marques françaises

6.1 诞生于法国的奢侈品大牌 Les articles de luxe / 105

6.2 闻香识女人 Le parfum / 110

6.3 万物都有打折季的一天 Les soldes / 115

● **Chapitre 7** 法国社会百态 Les problèmes de la société

7.1 罢工游行，这很法国 La grève / 120

7.2 冠绝欧洲的法国未婚生育率 Les naissances hors marriage en France / 125

7.3 时常也爱追剧的法国人 Visser devant la télé / 130

7.4 吸烟——法国人的社交通行证 Le tabac, c'est la carte sociale / 135

7.5 去法国留学！Études en France / 141

● **Chapitre 8**　关于工作那些事儿 **Pour parler affaires**

8.1　法国年轻人，就业不稳的一代 **Les jeunes Français, la génération précaire**
　　/ 146

8.2　备受法国人青睐的本土企业 **Les entreprises françaises**　　/ 152

8.3　电商平台在法国 **L'e-commerce en France**　　/ 157

Chapitre 1

法兰西在哪里？
La France，c'est où ?

1.1 法国基本概况 La situation générale

　　作为欧洲四大传统强国之一，法兰西共和国地处欧洲最适宜人类活动的西部区域：北边直抵大西洋，南边依托地中海，东边由北向南依次接壤比利时、卢森堡、德国、瑞士、意大利、摩洛哥，西南边则紧挨着西班牙、安道尔。它在地图上的形状酷似一个规整的六边形，法国人在日常生活中常以"六边形（hexagone）"这一词来戏称本国。

　　除了本土的六边形"势力"范围之外，法国的东南方向还有一座景色秀美的科西嘉岛。它不仅是法国最大的岛屿，还是法国历史上风光无限的皇帝拿破仑的故乡。诸多神秘的海上传说中引起人浮想联翩的海盗也曾在这儿频繁出没。

　　从总体来看，法国地处世界陆地的中心地带，它打开了欧洲与地中海的通道，海陆空交通便利发达，有助于国家经济贸易的持续稳定发展。

　　法国是欧洲国土面积较大的国家之一，位列欧洲第三。从气候特点来说，它是一个囊括了北欧和南欧不同特点的国家：总体气候温和，四季分明，北部冰冷的大西洋和南部温暖的地中海赋予了整个国家多变的气候条件。

拿破仑·波拿巴（1769—1821），
法兰西第一帝国皇帝，出生于科西嘉岛

法国南部度假胜地

欧洲最高峰——勃朗峰

法国大致以3种气候为主:西北部以温带海洋性气候为主,雨量丰富充沛,全年温暖潮湿;东北部以温带大陆性气候为主,冬季严寒,夏季炎热;东南部则为地中海气候,冬季温和多雨,夏季炎热干燥,阳光充足,吸引不少法国人夏季前往南部的沿海地区旅游度假。法国部分山区昼夜温差大,天气则更严酷,冬天持续时间更长、更为寒冷,适合前往滑雪,夏天则比较清新凉爽,适合举家前来避暑。

若我们从海拔地势来看,法国总体地势为东南高、西北低,主体地形以平原丘陵为主。位于法国与意大利交界处的勃朗峰,源于阿尔卑斯山脉,是法国及欧洲海拔最高的山峰。每年冬季有无数滑雪爱好者前往这里享受极限运动。这里白雪皑皑,地形广阔,优势明显,是世界上最大的滑雪天堂。

除此之外,孚日山脉、汝拉山脉、比利牛斯山脉及中央高原也是法国主要的几条山脉资源,不仅森林矿藏资源丰富,部分山脉还是与边境国的一道天然边界。

无数条长短不一的河流流经法国,其中将巴黎的浪漫动人一分为二的塞纳河最为著名。它成就了河畔弥漫艺术人文氛围的左岸和充满现代化气息的右岸,使人为之心驰神往。塞纳河不仅承担着船只的运输功能,还构建了庞大的排水网络,它与巴黎互相依存,紧密相连,是法国一条重要的河道。

但大部分人有所不知的是,塞纳河只是法国的第二长河流,真正作为法国最长河流的卢瓦尔河,地位不可小觑:它一口气贯穿奥尔良、图尔、勒芒、昂热、南特等城市,一路从中央高原的山脉流淌而至大西洋比斯开湾,浩浩荡荡,无可阻挡,沿途风景秀美,城堡众多,堪称法国最美的河流。罗纳河紧随其后，虽然发源于瑞士，但水流强大，穿越冰川峡谷，流经法国城市里昂，也是法国一条重要的航道。莱茵河和加龙河比起前三条河流长度虽不及，但因有部分河段流经法国而被人们所知晓。

这些河流流经不少城市，其中法国的首都巴黎，被著名文豪海明威誉为"流动的盛宴"之地，这里承载着深厚的历史与无数荣光，它是欧洲的第二大城市。除此之外，在罗马时代就开始繁荣，以丝绸贸易而闻名的里昂、拥有美酒之城美誉的波尔多、作为港口城市代表的马赛同样无法让人忽视。这些城市在法国城市榜单中拥有举足轻重的影响力。

作为曾经的殖民大国之一，除了本土省、大区之外，法国还下设5个海外省及大区和8个海外集体及领地。法国的这些海外领地相比于英国、美国所拥有的海外领域来说，岛屿面积更大、人口众多，海域相对广阔，物产资源丰富，与本国之间的联系也更为紧密。

流经巴黎的塞纳河

法国东南部城市里昂

法属波利尼西亚

法国的区和省该怎么分别？

在法国，大区（région）的概念相当于我国的"省"，它是最大的行政划分区，每个大区都由地方议会进行自主管理，一切以改善当地民生为主要目标。例如，自主举办各大区的文体活动，建造地区学校，负责部分公务员薪水开支，促进当地就业。2016年后，法国将原先22个大区重新划分整合为13个大区，每区重新投票选举最多150席议员。这样的举措有助于形成规模更大且更具有新生力量的大区，推动地区经济的发展，让法国在众多欧洲国家中占据更大的经济份额。

而法国的省(département)则是相比大区低一级的行政区域,若追溯历史,它在1790年法国大革命中建立。在每个大区下都包括了不同数量的省,它的行政功能与大区类似,会有省议会对其进行规划,从事行政管理活动。

欧洲日,在欧盟!

欧洲联盟

法国作为在欧洲具有影响力的国家之一,同其他欧洲国家组成了欧洲联盟(Union Européenne,EU),简称欧盟。它最初由欧洲共同体发展而来,是世界第一大经济实体,也是当今世界上一体化程度最高的区域性经济、政治组织,在欧洲范围内促进和平、民主、人权抑或是调解事务方面都具有重大的话语权,曾在2012年荣获诺贝尔和平奖。法国作为创始成员国之一,为欧盟的成功建立做出了重要的贡献,伴随着欧盟成员国数量的增多,它仍占据历史性意义的地位,在欧洲的经济、文化、政治方面都具有一定的影响力。

在欧盟内部提出的基本问题由成员国一致表决通过,法国因人口较多,比起卢森堡这样人口相对较少的国家而言,拥有更多的代表席位。法国还是在欧盟机构中任职人数最多的成员国之一,法国人的身影频繁穿梭在欧盟委员会、法院、审计院等下属机构之中,不过他们的观点只会注重于欧盟的整体立场,并不会受本国政府左右。

什么是欧洲日?

每年的5月9日是"欧洲日",这个日子到底是怎么来的呢?

这一切都归功于时任法国外交部部长罗伯特·舒曼在1950年5月9日发布的关于"舒曼计划"的演讲。在第二次世界大战后,虽然战败方德国缴械投降,但是法国在这场战争中也伤痕累累,一蹶不振,一时之间法德之间恩怨不断,国家关系陷入僵局。

战争结束,百姓仍要继续生活,法国急需进一步战后重建、发展经济,而德国丰富的煤炭钢铁资源正应了局势的需求,法德两国和解、重新合作则是国家之间共同进步的最优选择。在舒曼演讲过后,法国联合联邦德国、意大利、荷兰、卢森堡、比利时在巴黎协商谈判,

1952年，六国达成一致，成立了最初形态的欧洲煤钢共同体。接下来的发展世人皆知：欧洲煤钢共同体与之后成立的欧洲经济共同体和欧洲原子能共同体合并为欧洲共同体，直到1993年，欧洲共同体演化为我们现在所知的欧盟。

为了感谢当初推动欧洲统一体诞生的罗伯特·舒曼，在1985年召开的欧洲会议上，各国政府首脑特地提出将5月9日命名为欧洲日，也被称为"舒曼日"，感谢他当年为缔造欧洲联合做出的贡献。从此往后每年的这一天，各个欧盟国家会开放欧盟属下各机构供人参观游览，举办各种庆典活动，跨越民族与地域，拉近各个同盟国之间情感上的距离。

提出联合欧洲国家计划的舒曼，其实并不是提出欧洲国家政治统一思想的第一人。历史上法国著名哲学家、思想家伏尔泰和卢梭都曾在这个问题上抱有自己的见解，还有许多人对其充满兴趣，一致认为经济、政治、艺术和文学是欧洲文化共同的生命源泉。

法国浪漫主义作家维克多·雨果在19世纪时提出的言论中就已预言——"迟早有一天，这个欧洲大陆的所有国家都将会更加紧密地团结在一起，建立情同手足的兄弟关系。迟早有一天，除了思想斗争，不会有其他任何战场。迟早有一天，子弹和炸弹都会被选票所代替。"

罗伯特·舒曼（1886—1963），
法国政治家

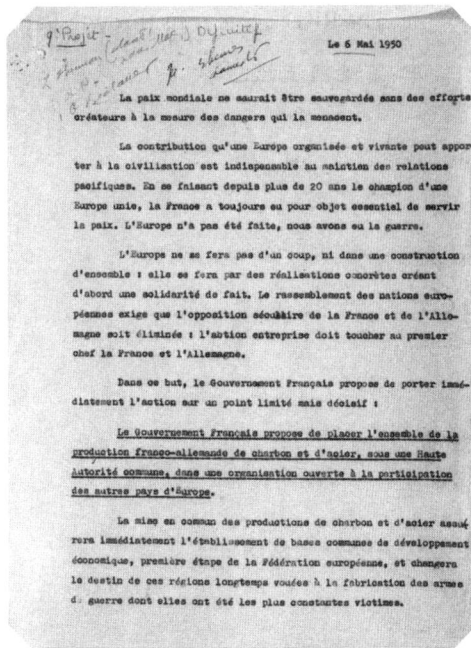

1950年舒曼的演讲

相关法语词汇

situer *v. t.* [sitɥe] 使坐落；建造，建立
___
se situer *v. pr.* 位于，坐落于

法：Le plus grand pays de l'Union Européenne, la France, se situe en Europe occidentale.

英：The largest country in the European Union, France, is located in Western Europe.

中：法国，欧盟最大的国家，位于西欧。

hexagone *n. m.* [ɛgzagɔn] 六角形，六边形；法国，法国本土
___
法：La France est appelée l'Hexagone car elle a six côtés.

英：France is called a hexagon because it has six sides.

中：法国被称为六边形是因为它的版图轮廓有六条边。

traverser *v. t.* [travɛrse] 横穿过，穿过；通过；横渡，横贯
___
法：La Seine, qui traverse Paris.

英：The River Seine runs through Paris.

中：塞纳河流经巴黎。

🗼 1.2　我们所熟知的法语国家与地区 La Francophonie

　　在接触法语的第一课，有两个问题经常会被提起——世界上到底有多少人使用法语？除了我们所熟知的法国，全世界还有多少地方在用法语交谈？

　　法语作为印欧语系罗曼语族的家族大成员，是继西班牙语之后第二多人使用的罗曼语言，也是大多数人所认知的世界通用的两种语言之一，它的踪迹遍布世界五大洲。

遍布世界的法语国家和地区

　　我们很难对全世界讲法语的人的数量给出具体的数字，但对法语国家和地区倒能列举一二：在欧洲，与法国相邻的比利时（Belgique）虽然有 4 个语言区，但讲法语的居民在布鲁塞尔地区占据总人口的 85%；隔壁的卢森堡（Luxembourg）虽然拥有象征国家身份的卢森堡语，但法语依然是它们的主要行政语言，在日常生活中扮演着重要的角色；瑞士（Suisse）的国家宪法承认 4 种国家语言，其中法语就为 3 种官方语言的一种；位于法国以南的摩纳哥（Monaco）直接将法语定为官方语言。

　　在美洲，使用法语的人口占据多数的地区莫过于加拿大，其官方语言分别为英语和法语，其中魁北克省（Province de Québec）明确规定了法语是当地唯一的官方语言，它是北美法语使用最坚实的力量，也是北美法语区最重要的组成部分。在这里的居民可以和在法国一样用法语学习、工作和生活。同时，法语也是位于美洲的法属海外领地的官方语言和通用语言。

　　历史上的法国曾是最强大的资本主义国家之一，也是在世界上拥有漫长殖民史的国家。非洲就是法国当年最主要的殖民范围扩张地：数十个非洲国家如科特迪瓦（Côte d'Ivoire）、贝宁（Benin）、多哥（Togo）、尼日尔（Niger）、塞内加尔（Sénégal）、布隆迪（Burundi）都有过作为法国殖民地的历史。当时的法国人来到非洲这片尚未开发的原始家园，大力兴建学校、医院等公共基础设施，将法语作为官方语言来培养学生，提拔人才，维护当地的政治经济秩序。以致现在,这些非洲国家在本国虽拥有上百种方言,而法语才是当地的主要互通语言,搭起了彼此交流沟通的桥梁。这在一定程度上巩固了法语的语言地位,加强了非洲国家与法国之间的亲近感。

ORGANISATION INTERNATIONALE DE la francophonie

法语国家与地区国际组织

亚洲是世界上讲法语人数最少的地区。在越南(Vietnam),即便英语文化在近几年来掀起了当地年轻人的学习热潮,但受殖民时期的影响,法语依然在学校外语教育中占据主导地位;因旅游业和专业领域的需要,印度(Inde)、柬埔寨(Cambodge)、老挝(Laos)的法语普及率在这几年内逐渐有增长的势头。

法语的使用虽然遍布全球,但在第二次世界大战之后,法国的国际地位不如从前,法语的影响力也在日渐下降。为了不影响文化软实力的输出,重新加固法国的国际影响力,法国总统戴高乐在20世纪60年代提出了建设法语国家共同体的设想,希望全世界讲法语的国家联合起来,将法语的影响力发挥到最大。

1970年3月20日,21个法语国家相聚一堂,成立了"法语国家与地区国际组织"(Organisation Internationale de la Francophonie),一起致力于在和平、民主、人权等多边领域发挥积极作用,推动法语国家和地区在世界上的发展。而3月20日也在1990年被定为国际法语日,进一步确定了法语在世界语言中的重要位置。

法语"种类"知多少?

全世界讲法语的人那么多,那么不同法语区的人说的法语一样吗?

在"江湖"上将不同法语区人讲的法语分为法国法语、魁北克法语、瑞士/比利时法语、非洲法语几大类,它们之间到底有什么区别呢?

加拿大魁北克法语和法国法语

17世纪初,法国派探险队在北美进行探测,其一方面是为了殖民地的开拓,另一方面也是在寻求贸易发展的机会。他们在加拿大的魁北克省建立了北美的第一个贸易据点,渐渐地，大量的法裔居民移居于此。随着时间的推移，文化积淀愈加深厚，魁北克省开始彰显出自身与加拿大别省不同的行政特征——法国文化的统治地位。这里的主要人口多为法国后裔，法语是省内唯一的官方语言。

加拿大国旗和魁北克省旗

魁北克法语的发音习惯虽贴近法国南部，但并非完全相同，它的口音、句子韵律更贴近英语。魁北克法语有类似英语发音上的抑扬顿挫，老一辈的魁北克人在发音时甚至会有很重的大舌音，而法国人说法语，口音韵律基本较"平"。为此我们经常听到法国朋友调侃：法国人听魁北克人说法语，就好像伦敦人听爱尔兰人说英语！

	Watermelon	Car
	Pastèque	Voiture
	Melon d'eau	Char

"西瓜""汽车"二词在英语、法国法语、魁北克法语中不同的表达

在口语词汇方面，两个地区的法语人经常开启互相嘲讽模式。法国人会评论魁北克人的法语受英语文化的影响过多，让这门语言变成了"法式英语（franglais）"：比如"西瓜"一词，英语称 watermelon，法国法语为 pastèque，这是两个完全不同的词，而在魁北克法语中，西瓜则直接采取了英语的直译，变成 melon d'eau；类似情况的还有"汽车"一词，英语称 car，法国法语为 voiture，而魁北克法语则直接将这个单词写作和英语相近的 char。

	An Email	The weekend
	Un Email	Le weekend
	Un courriel	La fin de semaine

"电子邮件""周末"二词在英语、法国法语、魁北克法语中不同的表达

面对法国人的嘲讽，魁北克人也会反讥法国人所说的法语才是真正被英语入侵，使得法语"英语化（anglicisé）"：比如"电子邮件"一词，在英语中拼写为 an Email，在法国法语中直

接将其引用为 un Email, 魁北克法语则保持传统说法为 un courriel; "周末"一词, 英语中为 weekend, 法国法语照样借用成 le weekend, 而魁北克法语则认真按文意拼为 la fin de semaine。

但魁北克法语按照文意逐字翻译也不是第一次, 肯德基这个在全世界都能看到的品牌, 我们熟知它的简写是 KFC, 可偏偏在魁北克, 它被称为 PFK——Poulet Frit Kentucky! 另一个例子是肯德基的竞争对手麦当劳旗下经久不衰的开心乐园餐, 法国法语直接引用英语翻译 happy meals, 而魁北克法语将其认真翻译成 joyeux festin, 这让初来魁北克的法国人一头雾水, 被魁北克区的法语弄到啼笑皆非!

瑞士、比利时法语区法语

从口音上来说, 作为法国的近邻, 比利时、瑞士法语区的法语和法国法语没有特别显著的区别, 最大的差别体现在数字表达方面。

对于初学者来说, 法语数字是学习语言初期的一个噩梦, 从 0 到 60 尚还在理解能力可接受的范围内, 但却弄不懂为何从数字 70(soixante-dix)开始表达变成了 60 加 10, 80(quatre-vingts)则是 4 个 20, 90(quatre-vingt-dix)又是 4 个 20 再加 10; 电话号码不能单个或是多个报数, 一定要按照两位数依次报——让人学到崩溃时不禁想抬头问苍天: 为什么法国人偏偏要在这方面展示他们非凡的创造力和精准的心算能力? 为何把中国人看来很简单的算术做得如此复杂?

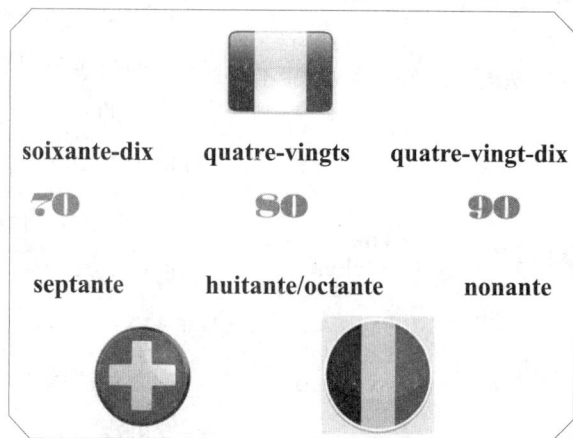

soixante-dix	quatre-vingts	quatre-vingt-dix
70	80	90
septante	huitante/octante	nonante

数字在法语中的不同表达

倘若你在比利时和瑞士的法语区生活, 这些烦恼就都不存在了。在这些地区的数字中, 70 直接叫 septante, 80 是 huitante 或 octante, 还会把 90 直接说成 nonante, 这对努力学习很久法国法语的语言者而言，一到当地就突然不知道该怎么表达数字了……

非洲区法语

非洲是世界上法语使用者最多的大洲，他们的法语普及程度是伴随着当年资本主义国家对非洲的殖民地化而来的。非洲国家也是法语国家及地区的重要组成部分之一。

但非洲各地都有不同的方言，每个非洲法语国家的发音和词汇都带有浓重的地方特色。比如在北非，阿尔及利亚的官方语言为阿拉伯语，但是居民更多使用的日常语言还是法语，当地人所讲的法语或多或少带着点阿拉伯语的口音。他们还会发挥别具一格的造词天分，把阿拉伯语的词根与法语相混合，创造出新的词汇，初来乍到的法国人听了也面面相觑，双眼茫然。

不仅如此，法语在非洲的普及率也与他们的受教育程度有关。在部分非洲国家，法语是接受过高等教育的社会精英才能掌握的一门语言，他们所讲的法语标准，挑不出错处，不存在沟通上的障碍。但在一些教育较落后地区，单词阴阳性格不分，语法混乱造成理解偏差，这些都是常事，甚至一些不规范的用法已经变成了当地约定俗成的默认说法。

从沟通交际方面来说，方言和标准语并没有所谓的"高低贵贱"之分，同门不同类的法语的存在，增添了世界语言的多样性，丰富了法语的内在。任何存在的事物都有其存在的合理原因，而多门类法语的存在既体现了不同民族的历史，又记录了法语国家文化的发展和延伸，值得互相交流和探索。

对此，你是怎么认为的呢？

各个法语国家和地区之间的语言区别还有哪些呢？

相关法语词汇

francophonie *n. f.* [frɑ̃kɔfɔni] 讲法语国家共同体，讲法语国家；讲法语社会

法：Que célèbre cette année l'Organisation Internationale de la Francophonie ?

英：What is OIF celebrating this year?

中：今年法语国际组织庆祝什么？

francophone *adj.* et *n.* [frɑ̃kɔfɔn] 讲法语的，讲法语的人；法语地区的

法：Il y a de nombreux francophones dans le monde.

英：There are many French speaking people in the world.

中：世界上有很多说法语的人。

français *n. m.* [frɑ̃sɛ] 法语

法：La langue française n'est pas si difficile.

英：French is not that difficult.

中：法语不是那么难的。

🗼 1.3 法国，这个移民国家！La France, un pays d'immigration !

在法国，移民是历史悠久的一种文化现象，好几次大型的移民热潮都伴随着经济增长时期法国对大量劳工的需求。

法国接纳移民的历史，大致分为3个阶段。第一阶段出现在19世纪下半叶至20世纪初，第一次世界大战之前，法国外来移民主要来自它周边有部分法语区的国家——比利时、瑞士、意大利。他们的加入推动了法国工业革命的进程，为当时法国经济强有力的发展提供

法国工业革命时期

了不可替代的人力资源。由于当时移民数量在法国总人口中所占的比例有限，加上移民多数来自欧洲邻国，彼此之间文化基本相通，并没有在法国社会及本地居民中产生较大的影响。

从20世纪初到20世纪30年代，由于第二次工业革命萌芽及第一次世界大战政局动荡变化，法国需要大量的青壮劳动力来满足经济发展的需要，此时出现了第二次外来移民浪潮。到1930年前后，波兰、意大利和西班牙人成为当时法国外来移民的主要组成群体。虽然这波移民热潮因资本主义国家经济萧条及第二次世界大战一触即发并未持续长久，但从这次起，移民来源地开始变得复杂且多元化，在法国的文化、社会、经济方面产生了微妙的反应，为之后产生的冲突埋下了伏笔。

到了移民浪潮第三阶段，便是第二次世界大战结束后。为了战后经济的恢复，法国在满目疮痍下急需大量劳动力进行国家重建。然而战争让法国军民伤亡惨重，人口死亡率高于人口出生率，即便政府立刻采取鼓励生育的措施政策，也无法在短时间内大量增加人口，使其立马投身于劳动市场之中。在这个阶段前期，法国政府又开始新一轮大力引进外来劳工移民，为其往后的经济繁荣发展奠定了有力的基石。然而在这个阶段后续的20世纪70年代，法国经历过蓬勃发展后也迎来经济滞胀，历经石油危机后全国失业率攀爬上

移民潮为法国足球界输送优秀人才

升,岗位纷纷减少,劳动力开始过剩,法国政府不得不开始收紧关卡,采取限制移民的措施,停止引进以政府招募为主的劳工移民,家庭团聚移民、避难者、非法移民开始逐步取而代之。作为最大数量的一波移民潮,从20世纪五六十年代起,传统移民输出国的移民人数比例逐渐减少,北非马格里布地区、葡萄牙、土耳其等则变成这一阶段最主力的移民输出国和地区。

经过这3次移民浪潮后,法国最终成了如今拥有庞大移民数量的输入国。移民潮给法国带来了持续的经济动力,也为法国社会各界输送了不少优秀高层次人才,为法兰西文化增添别具特色的多样性。法国足球就是这样一个具有代表性的范例:年轻且有毅力和天赋的移民后裔通过参与体育运动,接受法国青训体系培养,加入职业体育运动员队伍,在自身得到发展的同时加强了对法国文化的认同感,这是鼓励外来移民融入法国社会的先行举措。

因为宗教、思想观念、行为准则及家庭成员群体之间的互相关系,外来移民与居住国之间会存在着不可避免的文化冲突。但法国作为一个历史背景深厚的移民大国,大部分移民会用包容的态度保持其原生地与移居国之间的平衡,克服障碍融入当地社会。在法国,不同种族之间和睦共处及通婚是被大部分人所接纳的社会现象,但不可否认的是,这样融合的景象也存在着不和谐的角落,给法国社会带来了棘手的移民问题和消极影响。随着近些年法国经济逐步下滑,人口失业率居高不下,聚集于城市郊区庞大的移民群居现象严重,带着种族歧视的暴力、犯罪事件层出不穷,引发社会关注。

2005年10月,巴黎郊区两名北非裔男孩在逃避警察追捕时不慎触电身亡。此事件引起当地移民强烈的不满,数百人走上街头抗议,焚烧车辆,冲撞市政厅,制造人群中的骚乱,随后规模逐渐升级,形势开始失控,抗议活动扩大至多处外来移民居住区。这场暴乱持续了将近1个月并蔓延至全国多处城市,引发了法国政府乃至世界各国及各界人士的关注。这也是移民问题集中性的一次爆发,折射出外来移民与法国主流社会早已存在的潜在矛盾,揭示了法国移民内在问题的严重性。

事实上,外来移民与本地居民的矛盾从不曾完全消失,初期的外来移民抗议活动只着重于争取反对种族歧视、争取平等权利,而后却逐渐引发涉及政治、经济、文化及社会安全方面的问题。移民问题的影响力在社会持续扩散,本地居民因外来移民付出劳力少却大量占用法国福利体系资源、夺取本地居民就业机会本就心生不满,还因为法国作为传统的天主教国家,与外来移民所带来的不同宗教文化极易产生激烈的冲突,尤其是伴随着穆斯林移民人数的大量增长,其特有的伊斯兰文化给法国主流文化带来了巨大的挑战。

遍布全球的法语联盟

法国除了本身是个多民族的融合国家,广阔接纳来自全世界的移民之外,也会通过法语联盟这个文化传播机构将法语在各个国家发扬光大。

语言是世界沟通最有力的桥梁,它不仅承载着一个地区或是国家的历史与发展,还是文化交流中最基本的媒介。1883年,在法国外交家保罗·康本及地理学家皮埃尔的共同倡议下,法语联盟(Alliance Française)在法国成立,法国文化界的名流们纷纷响应加入。

法语联盟

法语联盟肩负着推广法国语言及法国文化的使命,属于非政府非宗教组织,每年受到法国政府拨款资助,历届总统上任后自动成为该组织的名誉主席。历经百年历史的它,具有语言教学经验丰富、文化元素设置多元化的特色,多年来形成了一个庞大的法语联盟特色网络。除了专业讲授语言技能之外,法语联盟也定期举办文化沙龙,与法国艺术家合作开展摄影展览、音乐节、戏剧表演、绘画等面向法国文化爱好者的活动,呈现其文化艺术形象,共享法国文化。随着经济发展、全球化进程的加速,为了推动本国文化对外传播,各国也逐渐开始重视语言在文化中的承载作用,纷纷开始建立语言推广机构:譬如德国1951年建立的歌德学院、西班牙1991年创办的塞万提斯学院和我国2004年成立的孔子学院,这些机构在语言文化推广方面与法语联盟的职能相同,承接着加强各国之间文化教育合作、推进世界文化多元化发展的使命。

对于法语联盟,法语爱好者并不陌生,从1989年起,我国政府开始鼓励与国外合作创办教育培训机构。如今在中国,对法语感兴趣的人群能在北京、天津、广州、上海、杭州等16个城市找到法语联盟进行法语学习。在2020年的"后疫情时代",法语联盟在线上持续举办读书俱乐部、艺术讲座等文化活动,为法语学习者持续提供扩大交流和对话的机会。

有哪些人群在法语联盟?

Nathalie:我所在的城市,法语联盟就坐落在我的学校边,我经常会利用课余时间或是寒暑假时间去参加法语课程的学习。毕业后我计划去法国留学,想提前适应法语氛围下的学习状态,给自己打好坚实的基础。在学习中,我也认识了许多和我拥有相同留学目标的朋友,大家一起互相监督学习!

David:我是法国文学爱好者,每个月定期会参加法语联盟举办的法语读书俱乐部活动。在那里和志同道合的书友们一起分享自己喜欢的书中的场景片段,交流各自的阅读观点,大家围坐在一起讨论文学,非常有意思!

Jia:我在一家外贸公司任职,因工作关系需要与法国人打交道。为了拉近与客户之间的距离,我在法语联盟参加了法语的学习,努力和法国客户在工作、生活方面的话题中制造更多的共同语言。

相关法语词汇

alliance *n. f.* [aljɑ̃s] 同盟;联盟

法:Je vais aussi en classe de l'Alliance française, afin de me perfectionner en français.

英:I also want to go to the French League class to improve my French level.

中:我也想去法语联盟上课,以便进一步提高我的法语。

culture *n.f.* [kyltyr] 文化;文明

法:La culture chinoise a besoin de la transmission.

英:Chinese culture needs to be spread.

中:中国文化需要传承。

immigré *n.* [imigre] 入境移民;外国劳工

法:Depuis plusieurs décennies, le nombre d'immigrés est en augmente.

英:The number of immigrants has been increasing for decades.

中:这几十年以来,移民人数一直在增加。

Chapitre 2

餐桌上的法国人
Les Français à la table

2.1 米其林指南 Le Guide Michelin

你对法国餐厅的初印象是什么?

浪漫、高级、精致……这几个词也许是首先会浮现在脑海中的字眼。

漫步在法国街头,随处可见充满法式情调的餐馆。这些大大小小的餐厅,究竟有什么区别呢?

咖啡馆(café)以提供咖啡、茶及简单吃食为主,和其他餐馆的区别在于正式程度。它的氛围通常随意轻松,无论是炎热夏日还是寒冷冬日,都可以看到妆容精致、服饰整齐的法国人在户外悠闲地阅读报纸,轻啜咖啡。

花神咖啡馆

啤酒屋(brasserie)则是在街头巷尾都能找到的餐厅,虽然这个单词在汉语中被译成“啤酒屋”,但这短短的几个字母涵盖不了它作为餐馆的特质。店门口的小黑板手写着今日提供菜单,它的菜式相对比较单一,可能每天只提供厨师推荐的一道菜品,但这道菜一定是该店的主打地道菜。

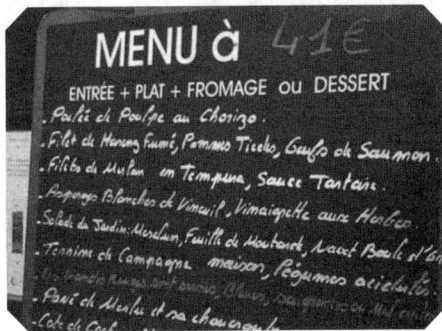

法国啤酒屋菜单

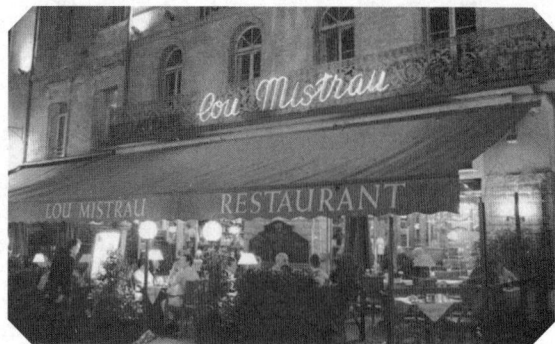

街头的法国餐馆

小酒馆(bistrot)又是另一种休闲餐馆,起初它用来指一些规模不大的小咖啡馆,只由一个收费小吧台和几张简陋的木质桌椅组成,供路过的人们点一杯啤酒或咖啡,坐下吃几口小食。现在它的规模比啤酒屋小一些,店里提供简单、随意的食物,简便快捷,颇有"你家小区楼下熟悉小餐馆"的味道。

饭店(restaurant)和以上这些餐馆相比,算是最资深的"老大",堪比食物链的顶端。它拥有豪华、大气的内部装潢,提供贴心精致的全套用餐服务,菜单也比其他小餐馆更为完整。有些蝉联在热门榜单上的饭店必须提前好几个月甚至一年预约,才有机会品尝其中盛宴,不少美食爱好者为了品尝真正的法餐抑或纯正的红酒、香槟,专门为此走一趟。

如何找到值得推荐的法国餐厅呢?

1889年,成立于法国克莱蒙费朗的米其林公司以从事轮胎制造销售起家,在漫长的创业历程中,其在轮胎制造业中不断创新,成为全球轮胎科技的领先者。除了专心生产和销售轮胎之外,它还将业务扩展到其他领域,推出了移动辅助系统、旅游服务、地图等产品。

1900年,在公司创始人安德里·米其林的提议下,米其林轮胎公司发行了一本外观看似朴实无华的小手册,因为惹人注目的红色封面,被称为"红色指南"(le guide rouge)。它最初的使命是为驾车者提

初代米其林指南

供在行车路途中的实用小资讯,例如行车路线推荐、车辆修护建议及沿途经过的旅馆、餐厅的地址查询。后来,这本小册子逐步开始为法国的餐厅评定星级,它所附带的严谨的品鉴评审制度得到了大家的信任和追捧,并由此开始闻名。

米其林星级餐厅大厨

作为米其林指南的发源地，法国当仁不让地成为拥有最多米其林星级餐厅的国家。传统而正式的法餐也是众多食客来法游玩时最想尝试的。究竟哪些法国本土餐厅值得前往一试呢？这个时候《米其林指南》就派上了大用场！

用星级寻找餐厅

米其林星级如何进行评判？

《米其林指南》内部特聘了一批在界内具有权威影响力的专业美食品鉴家作为观察员，他们经过层层筛选，所接受的任务便是每年对餐馆进行星级评判。每去一家餐馆或酒店，他们都会隐藏好自己的业内身份，伪装成普通客人对食物及其他相关因素进行综合打分。

为一家餐厅做米其林星级的评级，需要不止一个美食行家"暗地潜入"进行全方位品鉴，之后的一年内还会陆续进行多次造访，但评分并不是由他们一锤定音，最终需要米其林总部对其评审通过后才能敲定。

米其林星级标准是什么？

一星☆：这家餐厅值得路过时停车品尝；二星☆☆：这家餐厅厨艺一流，提供出色的食物和美酒搭配，值得驾车者绕道前往，但餐厅花销并不低；三星☆☆☆：这家餐厅拥有超群绝伦的厨艺，在此餐厅中可享受无与伦比的美食珍馐、精选的上等佐餐酒、贴心周到的服务和优雅细致的用餐环境，值得驾车专程前往，花销通常较高。

不过需要注意的是，《米其林指南》刊登的所有餐厅并不一定都有星级。有些餐厅名字后标注的米其林小人（必比登）图案，是用来肯定这家餐馆的价廉物美；也有一些餐厅名字后标绘着1～5副刀叉的图案，这种标志代表餐馆的舒适度。而在刀叉标志之上，才是我们所谓的"星级餐厅"，也就是说，常人提起的米其林餐厅并不全等于米其林星级餐厅。但这种被提及的荣誉颇有获得世界具有影响力大奖的提名之意，能收录刊登也是对餐厅本身厨艺烹饪水准的一种认可。当然，《米其林指南》也并不意味着绝对的权威，更多时候是肯定了一家餐厅的传承创新及为普罗大众提供品鉴餐厅的思路。正所谓众口难调，

想知道怎么分清法国街头的几种餐馆？

人人都有属于自己评判的味蕾标准,一家能令人留下深刻印象的餐厅,佳肴菜品必须符合自己的胃口,才能排上心目中的最佳米其林!

相关法语词汇

guide *n.m.* [gid] 导游;旅行指南;导师

法:Veux-tu amener un guide de voyage ?

英:Would you like to bring a guidebook?

中:你要带一本旅游指南吗?

restaurant *n.m.* [rɛstɔrɑ̃] 饭店;餐馆

法:Ce soir, on dîne au restaurant français.

英:We are having dinner in a French restaurant tonight.

中:我们今天晚上去法国餐厅吃晚饭。

réserver *v. t.* [rezɛrve] 保留;预订

法:Je voudrais réserver une table pour dix personnes, s'il vous plaît.

英:I'd like to reserve a table for ten, please.

中:我想预订一张十人桌,谢谢。

🗼 2.2 美酒加咖啡，一杯又一杯 Le vin et le café

法国人在日常生活中最显眼的两种饮食癖好：饮酒和喝咖啡。我们先来说说葡萄酒。

法国的葡萄酒闻名全世界，其生产历史悠久，可追溯到公元前600年左右。当时罗马人在古希腊人之后来到马赛地区，同时也引进了他们的葡萄树栽培技术，让葡萄酒的酿制在法国这片土壤上传承并发扬延续。法国的葡萄酒种类繁多，我们在生活中有机会品尝到的葡萄酒，大多来自

法国的葡萄庄园

于这几个有名的法国葡萄酒产区：波尔多（Bordeaux）、香槟（Champagne）、阿尔萨斯（Alsace）、勃艮第（Burgundy）、西南产区（Sud-Ouest）、卢瓦尔河谷（Vallée de la Loire）、朗格多克-鲁西永（Languedoc-Roussillon）和罗纳河谷（Vallée du Rhône）等。其中，勃艮第产区的葡萄酒以单一葡萄品种酿造而出名；香槟产区以起泡葡萄酒为代表（严格意义上来说，只有在香槟产区出品的起泡葡萄酒，才能称为"香槟"）；波尔多产区以浓厚馥郁的红葡萄酒为代表，口感最为细腻纯正。

法国对葡萄酒有严格的法规管控，将其分为4个等级：从高到低依次为法定产区葡萄酒、优良地区餐酒、地区餐酒、日常餐酒。每个等级的产量都有固定的数量比例分配。酒标作为一瓶酒的身份证，酒的产地、级别、容量、酒庄、灌装地等信息，我们都可以从酒标中找到。

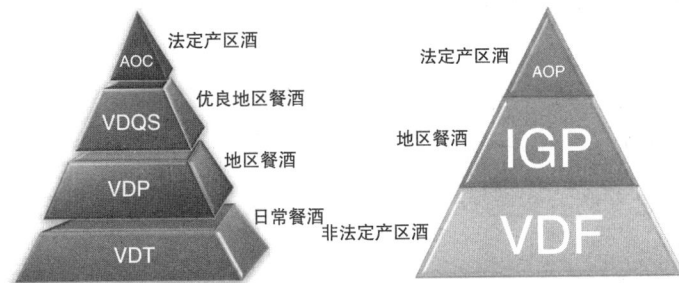

法国葡萄酒等级制度变更图

法定产区葡萄酒（AOC/AOP，appellation d'origine contrôlée/ appellation d'origine protégée 的缩写），是法国葡萄酒的最高级别。[①]这种等级的酒，在瓶身酒标上会以"Appellation＋产区名＋Contrôlée"标识，类似意于原产地保护，例如 Appellation Burgundy Contrôlée 即为产自勃艮第法定产区的 AOC 级别葡萄酒。当中间的产区越详细，酒的品质则越高，这是为了保证某个区域的葡萄酒特色体系而设立。

优良地区餐酒（VDQS，vin de qualite superieure 的缩写），它是第三等级地区餐酒向 AOC 级葡萄酒过渡的一种等级，在瓶身酒标上会以"Appellation＋产区名＋Qualite Superieure"标识，但在 2011 年，这一等级被法国撤销。

地区餐酒（VDP/IGP，vin de pays/ indication géographique protégée 的缩写），在第四级日常餐酒中较好的一档可升级为地区餐酒，酒标上会以"Vin de pays＋产区名"标识。[②]这种酒经常在路边的小餐馆出现，有点像我国二锅头在酒水中的地位。

日常餐酒（VDT/VDF，vin de table/vin de France 的缩写），它属于最低一档，也是最不"循规蹈矩"的一类葡萄酒，大部分由不同地区的葡萄汁勾兑而成。[③]

在大部分人的印象中，口感适合的葡萄酒，价格自然也不菲。法国人都爱饮一杯酒，但他们都有能力购买我们印象中昂贵的葡萄酒吗？

其实在法国，葡萄酒的价格并没有我们想象中那么让普通人望而却步。因为并不是只有价格贵的葡萄酒，才是好喝的葡萄酒。除去关税、运费等成本因素，在法国街头超市的货架上，3 欧元、5 欧元这一价位的葡萄酒很受年轻人的欢迎，每周聚会、派对都会选择带上这一档的葡萄酒，既便宜又能增添聚餐氛围；8～15 欧元的葡萄酒是法国家庭周日聚餐的最佳选择，若是真心热爱葡萄酒的品鉴者，则会放眼 20～30 欧元甚至更高级的品类。当然，这同时也取决于当地的物价水平。

学会一点葡萄酒搭配小妙招

在西餐厅就餐时，侍者会根据客人下单点的菜式，推荐相匹配的佐餐酒。通常来说，食客们都信奉"红酒配红肉，白酒配白肉"的信条。

所谓红肉，指菜单上那些经过烹调后颜色呈红色或是带血水味的肉类，譬如牛肉、羊

①2009 年法国进行改革，名称上 AOC 被更新为 AOP，意思不变。
②2011 年，名称 VDP 被 IGP 所取代。
③2011 年，名称 VDT 被 VDF 所取代，属于酒标上没有产区标识的葡萄酒。

肉、猪肉等；所谓白肉，则指经过烹调后颜色清淡的海鲜、鸡肉、鸭肉等。这样的搭配存在一定的科学依据：红肉中所含的大量肉质纤维和蛋白质遇到红酒中的单宁会迅速与其结合，不仅使肉质更鲜嫩，而且可加快食物消化吸收，在获得营养的同时还拥有最佳口感。而白葡萄酒种的单宁含量较少，适当的酸味可以去除白肉中的腥味。

　　总而言之，在大多数情况下都是酒体重搭配口感浓重的食物，酒体轻搭配口感清淡的食物。只要遵循这个依据，在烹制中餐时也可进行葡萄酒的搭配：例如一份清炒河虾可以搭配白葡萄酒，一盘浓香红烧肉可以搭配红葡萄酒……随你心意！

相关法语词汇

Vin *n. m.* [vɛ̃] 酒；葡萄酒

法：Ils prennent du vin blanc ou du vin rouge.

英：They drink white wine or red wine.

中：他们喝点白葡萄酒或红葡萄酒。

étiquette *n. f.* [etikɛt] 标签；签条

法：Il attache une étiquette sur un colis.

英：He tagged the package.

中：他在包裹上系标签。

bouteille *n. f.* [butɛj] 瓶；饮料瓶；一瓶的容量

法：J'ai deux bouteilles de château Lafitte !

英：I have two bottles of Lafite castle !

中：我带了两瓶拉菲庄园的红酒！

　　法国人虽然热爱葡萄酒，但对于他们而言，能让人人都爱的饮品，一定是咖啡。连外国人来到法国都会忍不住入乡随俗，无怪乎周杰伦的《告白气球》的歌词也描绘了这样生动的一幕——"塞纳河畔左岸的咖啡，我手一杯"。在法国任何城市，街头随处可见的一定是咖啡馆。

法国人手一杯的咖啡

法国人到底有多爱咖啡呢？

法国的咖啡文化源远流长。据说1991年海湾战争的爆发，一时之间造成恐慌，一些法国百姓担心不稳定的战况会影响日用品供给，纷纷冲去商店抢购生活必需品。电视台记者为此事特地去现场采访，当镜头对准那些抱着紧缺物资的顾客时，发现大家怀里搂得最多的竟然是咖啡和糖，这一度成为当时大家谈论的笑点。

伏尔泰(1694—1778)，
法国启蒙思想家、哲学家、文学家

根据统计，咖啡是法国国民消费最多的饮料，仅次于水。可以说无论是早餐还是整个白天，咖啡都是法国人不可或缺的饮品。历史上一些伟大人物也酷爱喝咖啡，据说贝多芬每杯咖啡要放60颗咖啡豆，巴尔扎克一旦进行连续12小时的创作就不能停止喝咖啡，喝得最多的非伏尔泰莫属，他每天要喝的咖啡杯数惊人，还要和巧克力掺在一起饮用，甚至被人警告这样的剂量等同于"慢性自杀"。

无论晴天还是雨天，法国街边的咖啡馆总是不缺路人光顾。一杯咖啡、一张报纸、一份甜点就能打发一个下午的时光。对于法国人而言，喝咖啡并不在于味道，而在于那种不紧不慢的生活态度。有些人喝咖啡也喝出了自己特定的"怪癖"，不仅坚持去同一家咖啡馆，甚至具体时间、咖啡种类、所坐的位置都雷打不变，长此以往，还和店里的服务生变得如同老朋友般熟络，咖啡馆宛若第二个家。

与其说法国人热爱咖啡，不如说法国人更热爱咖啡馆文化。20世纪法国街边的小咖啡馆就像一个个公共沙龙，时常举办诗歌朗诵、戏剧表演抑或是政治演说等小型活动，红极一时的文人骚客济济一堂，在这儿高谈阔论，互相调侃，碰撞思维的火花。当红的作曲家、画家和诗人会相约咖啡馆漫

凡·高《夜晚的咖啡馆》

谈,互相影响彼此的艺术思想,见证不同的艺术流派的诞生。如今世人熟知的名人也曾在这些小咖啡馆中,随便找一张咖啡桌,埋头看书、写作,度过不平凡的创作时光,比如狄德罗的世界首部百科全书以及伏尔泰的著作都是在咖啡馆中撰写完成的。可以说法国的咖啡馆见证了无数闻名于世作品的诞生,也正是这些地方对发展国民教育和唤醒人民独立思考意识做出了巨大的贡献。

曾画出《夜晚的咖啡馆》《夜晚露天咖啡座》的凡·高,除了是一名执着的画家,还是咖啡的狂热爱好者。他生前郁郁不得志,穷困潦倒,四处被人接济,终日流连于咖啡馆,咖啡是他创造灵感的源泉和保持精力的兴奋剂。凡·高曾在寄给弟弟的信中写道,"总有一天我要在一家咖啡馆开出我的个人画展"。可见,咖啡馆在当时的地位有多么重要。

我们敬爱的周恩来总理在20世纪20年代曾在法国留学,当时的他一边读书一边撰写文章兼做社会调查,也经常在巴黎的花神咖啡馆边喝咖啡边写作,并与当时店内的服务生结下深厚的友情。如今在属于花神咖啡馆的外墙文物保护牌匾上,还清晰留着周恩来总理的名字,以此纪念这一段咖啡馆往事。

咖啡在法国,代表了一种特殊情感的民族文化。对这个浪漫又自由深沉的国度来说,咖啡无形之中代表着精神上的慰藉,一杯咖啡可以驱散人心中的阴霾,一杯咖啡可以给予人不断前进的动力。放慢生活的脚步,用一杯咖啡的时光欣赏街景,享受阳光,何尝不是一种精神上的补给呢?无论是白天还是黑夜,在法国星罗棋布的咖啡馆中,总是上演着独一无二属于自己的咖啡文化。

来一杯咖啡,谢谢!

通常来说,在法国点咖啡时说的"一杯咖啡(un café)",指的是经典意式浓缩咖啡。

菜单上出现的café court 和café allongé/long 有什么区别?

这两者都是指浓缩咖啡,区别之处在于水量的多少:café court 水加得少,口感更浓;而café allongé/long 加的水量多,口感更淡一些。随着经济的发展和全球化的推进,美式咖啡开始进入法国人的视野,大家逐渐开始接受带奶油或是加了各种香料的咖啡,而老一派人对此并不予以理会,仍然执着地饮用属于他们心目中经典的小杯意式浓缩咖啡。

相关法语词汇

aimer *v. t.* [εme] 爱；热爱；爱戴

法：En général, les enfants aiment le chocolat.

英：Generally, Children like chocolate.

中：一般说来，孩子们都喜欢巧克力。

boire *v. t.* [bwar] 喝；饮

法：Qu'est-ce que je vous offre à boire ?

英：Would you like something to drink ?

中：您想喝点什么？

lait *n. m.* [lε] 乳；奶

法：J'aime bien le café au lait.

英：I like milk coffee very much.

中：我很爱喝牛奶咖啡。

🗼 2.3　代代相传的奶酪和法棍 **Le fromage et la baguette**

时常有人针对"奶酪"发表见解,表示"我一点也不喜欢吃奶酪,但是我喜欢吃芝士",这句话惹人哭笑不得。奶酪在英语中为cheese,"芝士"一词来自于英文音译,也就说奶酪跟芝士,其实就是同一种食物。

对于不熟悉奶酪的亚洲人来说,接受并适应奶酪是一个漫长的文化认同过程,尤其是习惯奶酪的气味。喜欢奶酪的人会觉得它香气扑鼻,而不喜欢奶酪的人会觉得这无异于是一种嗅觉上的煎熬。

奶酪在法国家庭餐桌中的地位至关重要,对它的热爱甚至不亚于之前提到的葡萄酒和咖啡。全法拥有四五百种各色各样的奶酪,其中每个大省都还各自拥有一种或几种特产奶酪,它们的形状、颜色、香味、口感都极具地方特色。

法国奶酪和葡萄酒一样,也有划分原产地保护等级(AOC)限制,保证其奶酪的质量和名声能够对等,其中较为知名的奶酪及其产区有以下几种:

孔泰(comté),它是法国奶酪产量最大的原产地保护级别产区。这种产区的奶酪口感略坚硬,内部布满象牙白色的小孔,带着坚果清甜的香味,可以用来制作奶酪火锅。法国大约有四成人民都喜欢这种奶酪,也可以说是许多人入门的第一块奶酪。

孔泰奶酪

罗克福尔(roquefort)位于法国南部山区,在这里出产的奶酪也早早地实行原产地命名保护。罗克福尔是以绵羊奶为原料的半干型奶酪,外观以象牙白和蓝绿色霉花相掺杂,内在湿润柔软,味道浓郁丰富,据说它的历史可追溯到古罗马帝国时期。

罗克福尔奶酪

卡门培尔(camenbert)位于法国北部诺曼底地区,这里特有的奶酪外观包裹着白霉,内在质地非常柔软,它的特点在于必须由未经消毒的生

卡门培尔奶酪

布里奶酪

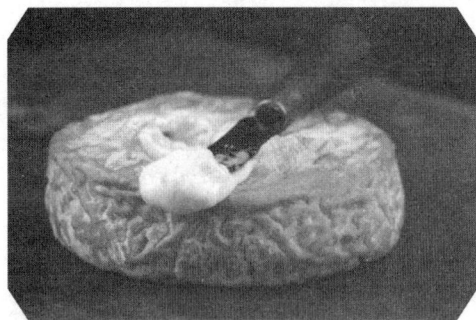

艾波瓦赛奶酪

牛奶制成。在法国的飞机餐上,会经常见到这款奶酪。但要注意的是,只有原产地保护级别的卡门培尔奶酪会在标签上以"Fabrication traditionnelle au lait cru avec moulage à la louche"(用长柄汤勺以传统制造法制造的上等乳制品)标识。

布里(brie)在法国有很多变种,但是经过原产地保护级别认证的只有莫城布里(brie de maux)和默伦布里(brie de melun)奶酪。它的质地相对较软,和卡门培尔类似,味道不浓,知名度相对较高,许多人都是品尝过布里后喜欢上了奶酪,从而打开新世界的大门。

艾波瓦赛(epoisses de bourgogne)位于法国勃艮第地区,这里生产的奶酪是一种重口味奶酪,气味尤其会吓退尝试奶酪的新手。它的外观像被水洗过一样皱巴巴,平平无奇甚至有些"丑陋",但它的来头并不小,据说是当年拿破仑最爱的奶酪。

很多来法国学习、生活的人一开始对奶酪是完全拒绝的,但经过入乡随俗,被本土奶酪文化"同化熏陶"之后,日常饮食生活中也会逐渐出现奶酪的踪影。法国人坚信,奶酪是法国饮食必不可少的核心灵魂,无论是谁,总能在这些形形色色的奶酪中,找到适合自己的那一款!

叮叮叮,奶酪时间!

法国人虽然对奶酪狂热,但也并不是我们想象中顿顿饭都要搭配奶酪。在传统正式的法式宴席中,奶酪有属于自己的登场时刻:在主菜之后、甜点之前被呈上,并按照口感从最清淡到最强烈的基本顺序进行品尝。在日常聚餐中,法国人也会在晚餐正式开始前的闲聊时刻将奶酪作为饭前小食分给大家品尝。

奶酪除了和面包搭配之外,和葡萄酒搭配食用也是绝配:酒体厚重的葡萄酒适合搭配风味强烈、口味较咸的奶酪;酒体较轻的葡萄酒适合搭配带有果味、口感较为轻柔的奶酪。

相关法语词汇

---

fromage *n. m.* [frɔma:ʒ] 干酪;干酪块;奶酪

法:Le fromage est indispensable pour les Français.

英:The French need cheese.

中:奶酪对法国人而言是必需的。

---

manger *v. t.* [mɑ̃ʒe] 吃;吃饭

法:Je ne mange pas de fromage.

英:I don't eat cheese.

中:我不吃奶酪。

---

détester *v. t.* [detɛste] 厌恶;憎恶;憎恨;唾弃;讨厌

法:Elle déteste la couleur de ses cheveux.

英:She hates the color of her hair.

中:她讨厌她头发的颜色。

面包对于法国人来说,就如同米饭对中国人一样重要。法国许多俗语也与面包有关:酒要适量,面包多多益善(Pain tant qu'il dure, mais vin à mesure);没有面包的日子度日如年(Long comme un jour sans pain)……

法国人几乎餐餐都会吃面包:早餐也许是抹上黄油或果酱的切片面包,午餐或许是自制的三明治,晚餐则可能是为了配菜或就着奶酪一起吃的法棍面包。

同上文提及的葡萄酒、奶酪一样,法棍也是法国尤其是巴黎最具特色的象征之一。

面包中的法棍,是法国面包界的代表,据说在法国一年消耗的面包中,法棍销量占65%以上。它作为面包店里永远的王者,占据了法国人的餐桌:在2020年全球都在与新冠病毒斗争的"疫情时期",面对封城,法国人抢购最多的不是厕纸,而是法棍。

法棍面包

作为一种被购买得最多的面包冠军，它是世界上最好吃的面包吗？

事实上，一根能被定义为法棍的面包，必须无油无糖，只能由面粉、盐、水和酵母组成，连长度、形状也有严格的规定，整体还原了面包最初的样子。

在动画片《料理鼠王》中曾经提到，怎样在不品尝面包的情况下分辨出好面包呢？不是闻味也不是观察外观，而是通过听声，声响的香脆度可以测试出这个面包的品质。这个方法也可以用来检验法棍：将一根法棍靠近耳朵轻轻试捏，若面包屑纷纷掉落，酥脆的表皮发出咔啦咔啦的声响，说明这是一根好法棍，若过于软绵或硬到无法捏动，都是制作不合格的法棍。

法国每年会为法棍举办评选大赛，从外形、香味、口感、松软度等方面角逐出年度最优秀的一根法棍，获胜者将在接下来的一年内被委以向爱丽舍宫和法国总统提供法棍的重任。2018年，法国总统马克龙甚至提出支持传统法棍申请联合国人类非物质文化遗产代表作名录，足见法国人对这根神圣"棍子"的重视。

法棍不仅可以日常搭配果酱、黄油细细品味，还可以将其从中间切开自制简易三明治用于充饥，抑或做法棍比萨、蒜蓉法棍来满足食欲。对于法国人来说，法棍有时候也像一种餐具：喝完一碗浓汤时，意犹未尽的法国人会用法棍将碗盘擦干净吃掉；吃奶酪和沙拉时，法棍也是它必不可少的托载。

清晨路过面包店，会闻到独有的法棍面包的清香味，让人内心漾出一丝波澜；傍晚站在路边，会看到行人腋下夹着法棍，行色匆匆地赶路。在法国，不是所有人都能吃得起鹅肝、鱼子酱，不是所有人都能吃得起红酒焗蜗牛，但是没有人能离开法棍，由此可见它的国民度。法棍不仅是法国饮食文化的代表之一，还蕴含着法国匠人的用心，维系着人与人之间的社会关系，折射出普通法国人的生活。

法棍大家族

法棍真的硬到可以当武器?

许多影视作品中都拿法棍开玩笑,调侃法棍的坚硬和难吃。但实际生活中,法国人只吃当日新鲜的法棍。刚制作出来的法棍外皮酥脆,内在松软有韧度,轻嗅还有淡淡的麦香,让人忍不住撕下一块放入口中。隔夜后的法棍会失去新鲜的口感,变得干硬难咬,自然不会受到欢迎。

不同品种的法棍

法棍有品种的分类吗?

按照制作原料来分,法棍基本分为三大类:普通法棍(baguette ordinaire)、传统法棍(baguette traditionnelle)和有机法棍(baguette BIO)。法国的法律对普通法棍的制作工艺不做要求;但对于传统法棍,则要求使用无人工添加的面粉来制作;而有机法棍要求制作法棍的全程都使用有机面粉。

在面包店,还能看到另外两种法棍的"亲戚",分别是小棍面包(ficelle)和巴黎人面包(baguette Parisienne),前者长度相较短小,后者在超市较为常见,使用精白面粉制作而成,价格也相对便宜。

相关法语词汇

baguette *n.f.* [bagɛt] 长棍面包;筷子

法:Les Français ont une passion pour la baguette.

英:The French have a passion for baguettes.

中:法国人对法棍面包情有独钟。

boulangerie *n. f.* [bulɑ̃ʒri] 面包店；面包业

法：Le matin，il achète une baguette ou deux croissants à la boulangerie.

英：In the morning，he buys a baguette or two croissants at the bakery.

中：每天早晨，他在面包店买一根长棍面包或者两个羊角面包。

connu，e *adj.* [kɔny] 著名的，驰名；众所周知的，大众熟悉的

法：Le Moulin Rouge en France est très connu.

英：Moulin Rouge is famous in France.

中：法国的红磨坊十分有名。

2.4 与浪漫不谋而合的法式糕点 La pâtisserie

法国人的浪漫不仅体现在情感上,从对糕点甜食的态度上也可窥见一斑。糕点业在法国非常发达,在各地区的城镇都可以在街头巷尾找到糕点铺子。它不仅出现在人们的餐后时刻,还会出现在朋友们的聚会时间,和下午茶作为"默契"组合,是一道绝配。

法式甜品的水准在全世界甜品届名列前茅,甜品制作学校在法国遍地开花,甜点杂志热衷于每月刊发点心食谱供人参考,糕点师傅们也会定期推出新品进行"对决"。可以说,法国人离不开糕点,也非常擅长做糕点。

我们经常品尝到的糕点中,哪些来自于法国呢?

马卡龙(macaron)不一定是法国人最爱吃的甜品,但一定是最具有代表性的法式糕点。它最早起源于意大利,刚传入法国时只是一片单片杏仁小饼干,法国文豪拉伯雷就曾在作品中打趣地将马卡龙称呼为"小圆杏仁团儿"。

马卡龙

在法国大厨们继承发扬式的"改造"下,在小圆饼中加入果酱和香料色素,从单片变成双层,不仅让这种小饼干颜色变得可爱诱人,味道也变得五花八门,格外获得年轻人的欢心。

马卡龙粉嫩的颜色不仅让它成为甜品界的宠儿,也在时尚界刮起了一阵"马卡龙色"风潮。在著名法国电影《绝代艳后》中,导演运用了大量马卡龙色系充斥画面,将奢华的洛可可风和粉嫩的马卡龙色系结合得天衣无缝,给人留下深刻的色彩印象。但有些人对这种小巧玲珑的小甜点并不"感冒",也许因为马卡龙本身外壳就以糖霜制成,加上甜味十足的内馅让人产生疲感,最好在喝咖啡或饮茶时搭配食用,以冲淡马卡龙的甜腻感。

拿破仑蛋糕(mille-feuille)是法国另一经典的糕点代表。Mille-feuille法语翻译过来为千层酥,第一次见到的人都不禁好奇:它和拿破仑有什么关联呢?

拿破仑蛋糕其实和拿破仑本人没有直接联系,就跟我们说的中餐菜式"蚂蚁上树"和

拿破仑蛋糕

蚂蚁、"夫妻肺片"和夫妻没有任何关系一样。江湖传言这是意大利语"酥皮"（naples）的误传，也有人开玩笑用来讽刺拿破仑的身高，其真实性我们无从得知。拿破仑蛋糕本身由多层松脆的酥皮加吉士酱组成，看似制作简单却极其考验糕点师的功力，有些技艺精湛的糕点师甚至可以将拿破仑蛋糕上的酥皮加至几千层，做到皮薄如纸，入口即化，层次分明。发展到现在，勤学上进的糕点师们已经不局限于只制作长方形的拿破仑蛋糕，还发明了各种形状、外观令人脑洞大开的拿破仑蛋糕，吸引大众品尝。所有的法式千层酥外形都夯实饱满，刀叉下去经常弄得餐盘狼狈，碎渣一地，如何优雅地吃掉它也是许多人的困惑点。其实也不需要太注重仪态，享受这份美食才是正经事！

泡芙（pâte à choux）源自于意大利，16世纪传入法国。在法国糕点店中，较为出名的泡芙则有修女泡芙（religieuse）和闪电泡芙（éclair）。修女泡芙的外形由大小两个泡芙组成，上层的小泡芙类似修女的罩袍帽，下层的大泡芙乍一看像修女穿的袍子，因而被称为修

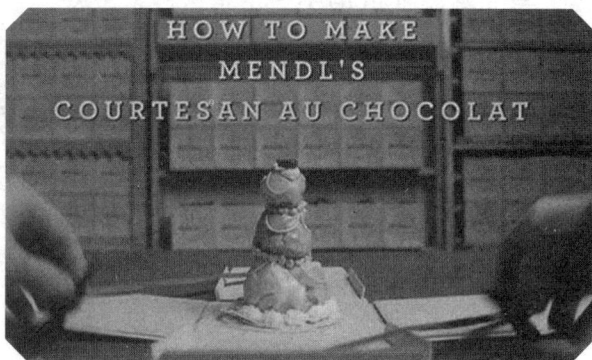
电影《布达佩斯大饭店》中的修女泡芙

女泡芙，我们所熟知的电影《布达佩斯大饭店》中的那款招牌"Courtesan au Chocolat"灵感就来自于此；而闪电泡芙则较为经典，外形修长，内部挤满奶油，外皮覆盖着浓郁的巧克力汁，许多法国人对它有着深深的喜爱。

但它为什么被称为闪电泡芙呢？

根据猜想，除了它长条的外形酷似闪电之外，这种糕点在刚烘焙出炉时带有闪电般的裂纹；还有一些法国人觉得一口咬下，其内在的奶油会快速溢出，人们需要用闪电般的速度吃完，故此才会

闪电泡芙

有闪电泡芙的说法,这也不难看出法国人对这种日常糕点的迷恋。

挞(tarte)是法国糕点中最基础的一种,起源于14世纪,受到当时的法国贵族欢迎。法国大革命之后,法国贵族消失在历史的长河中,但是吃挞的习惯流传了下来。我们生活中所认为的"挞"和"派"看似相同,其实有细微的差

法式苹果挞

别:除了原料、烤制方法上的区别之外,挞的内陷开放,而派有时会有表皮包裹,仿若有"盖"。法国人在制作挞的过程中,会将蛋糕体、果酱、奶馅、水果填入挞皮,挞类中特别是法式苹果挞,是每家法式糕点店最接地气的甜品。如果说一家传统法式糕点店连挞都做不好,其他的甜点就需要谨慎选择了。苹果挞是法国普通家庭经常摆上餐桌的一道糕点,一边吃着苹果挞一边轻啜苹果酒,是在周末午后靠着柔软沙发小憩时最好不过的选择。

玛德琳蛋糕

玛德琳蛋糕(madeleine)因形状酷似一枚扇贝壳,又称为贝壳蛋糕,是法国一种传统家庭小点心,相传18世纪由一名女仆玛德琳发明并获得主人赏识而由此命名。它最成功的一次"营销"是法国著名作家普鲁斯特通过文学作品将它推向了世界级糕点的舞台。读过《追忆似水年华》的读者一定都对这种糕点格外耳熟,普鲁斯特多次描述这种糕点体型丰腴感性,同时

外表的褶皱充斥着严肃、虔诚气息,通过对童年的小玛德琳蛋糕的味觉回想,启动了回到旧时回忆的开关,诞生了这部鸿篇著作。刚出炉的玛德琳蛋糕芳香扑鼻,松软香甜,适合即刻品味,或像《追忆似水年华》文中描写的那般,用玛德琳蛋糕沾着茶水泡软后食用。现在的法国人经常将它作为休息时刻的茶点,它也是一种象征回忆的法式糕点,被人们所记住。

法国人所创造、改良而来的糕点并不止以上这些,许多安安静静历经了几个世纪的小甜点或许在外形和内在有了新的工艺,抑或经历了口味的传承,但它历经无数糕点大师们

的精心打造和沉淀下来的浪漫优雅是不变的。它们更多时候都拥有一种不可思议的力量,给垂头丧气的人带来慰藉,让努力生活的人获得幸福感。它是各国美食文化交流的桥梁,也体现了法国人对糕点的特殊偏爱。法国糕点文化的发展、传播也是法国历史推进中最重要的一环,我们从小小法式糕点发展的视角,窥见了法国政治、经济和历史的发展,引起无限深思。

探寻巴黎别样甜品店

糕点是法国人生活中不可或缺的一部分,巴黎作为法国的首都,糕点店鳞次栉比,汇聚了许多糕点届的大拿。其中耳熟能详并打入中国市场的拉杜丽(La Durée),店内主打品种繁多的马卡龙。它的内部装饰以粉绿描金为主,带着华丽奢华气息,但这家店本身的意义来得更为深刻:它是那个只有男人才能进出咖啡馆年代中,巴黎第一家为女性建立的茶沙龙(salon de thé),为女性提供自由聚会的场所,具有划时代的意义。

巴黎最古老的甜品店莫过于Pâtisserie Stohrer,始建于1730年。创始人跟随波兰公主嫁给路易十五时一起来到法国,店铺一开门立刻风靡巴黎,接着席卷法国全国。店里除了最经典的闪电泡芙之外,朗姆酒蛋糕(baba au rhum)也是不可错过的主打产品。它的灵感最初来自波兰王,创始人是《一千零一夜》中阿里巴巴的忠实粉丝,于是就以Alibaba命名了这道甜点,后经过研究做出了经典的朗姆酒版本的海绵蛋糕。虽然它的名声不及其他现代糕点店,但几百年来恒久稳定的品质依然引来食客们上门探寻。

巴黎这座时尚之都群英荟萃,除了传统法式糕点之外,不同民族不同血脉的匠人也创造了"混血儿风格"糕点。譬如日本传统糕点虎屋(Toraya),它已经在巴黎营业了30年,本身具有500多年的历史,以点心做得精致美味而出名。1980年,创始人决心"通过和菓子来介绍日本",远渡重洋来到巴黎谋求新的发展。它虽然以贩卖传统日式糕点为主,但也经过对当地的调研后推出与当地口味结合的甜品来迎合法国人,收获了不少的好评,在如今众多法式糕点店林立的巴黎拥有一片立足之地。

相关法语词汇

pâtisserie *n. f* [pɑtisri] 糕点；糕点铺；茶点铺

法：Vous y trouverez un grand choix de boissons chaudes et froides et des pâtisseries.

英：You'll find a lot of hot drinks, cold drinks and cakes there.

中：在那里，您可以找到各种冷热饮品和糕点。

dessert *n. m* [desɛr] 餐后点心；甜食、水果、糕点等

法：En France, il existe de nombreux types de desserts.

英：In France, there are many types of desserts.

中：法国有各式各样的甜品。

faim *n. f* [fɛ̃] 饿，饥饿

法：J'ai faim...et j'ai soif !

英：I am hungry...and thirsty!

中：我饿了……而且我渴了！

2.5 法餐三大宝——鹅肝、松露、鱼子酱 Les trois spécialités en France: foie gras , truffe et cavier

最早发现鹅肝营养价值的并不是法国人,而是古埃及人。罗马人随之将鹅肝变成一道美味佳肴,由犹太人传至整个欧洲,最后由法国人将其发扬光大。鹅肝被列为西餐中必点的一份美食佳品,和松露、鱼子酱一起被列为法餐不可错过的三大法宝。

鹅肝

鹅肝制作成肉酱,通常将它涂到烤面包片上吃,也可以用锅煎烤食用。太阳王路易十四在品尝过鹅肝后赞不绝口,它作为一道高贵美食在法国皇室贵族阶层风靡,身价也跟着水涨船高。

为什么鹅肝昂贵、美味,而其他动物肝脏如鸭肝、鸡肝待遇却不同呢?

首先鹅肝的口感与其他动物肝脏不同,入口即化,搭配红酒食用是一种味觉享受;其次它的营养价值较高,真正的鹅肝要求脂肪含量在40%~60%,肉质更加肥厚。

然而,品尝鹅肝这件事充满了争议:要生产含有更多脂肪、口感层次更丰富的鹅肝,必须用"强饲法"来养殖肥鹅。

何为"强饲法"?

养殖场将刚出生的幼鹅放进笼子,脖子以下的部位全部固定住,只留出颈部的活动空间。每天增加喂养食量,将它们的胃撑大。过了成长期后,食量逐步稳定,它们的噩梦即将开始:工人会将一根铁管直捣鹅的喉咙最深处,不断灌入各种饲料。几个礼拜后鹅肝就会像气球膨胀一样撑大到原来的十几倍。这个时候的鹅经过简单粗暴的填灌手段后,已然奄奄一息,等待它们的下一步便是被贩卖进市场,肝脏被取出制作成餐桌上的精美佳品。

因其制作方式的残忍,鹅肝引起诸多保护动物人士的反对,近几年来,鹅肝被多个国家禁止生产。现在我们所能品尝的所谓"鹅肝"中，也有不少是鸭肝制作而成，价格低了很多，口感上若不是老饕，极难分辨。

松露是什么?

　　提到松露，大家会首先想到法国，法国黑松露更是松露中的上品，被称为餐盘中的钻石。它看上去黑黢黢的，其貌不扬，却蕴含吸引人心的魅力。松露是一种食用菌类，像我们平时所吃的蘑菇、金针菇一样，但价格昂贵，堪比黄金，甚至曾被拍出过上百万元人民币的天价。

松露

　　在过去，它的来源神秘，气味独特，一度被宗教法庭视为"恶魔的化身"，被禁止食用，直到欧洲文艺复兴时期才重新风靡。它独特的动物麝香味让人着迷，被无数贵族追捧，贵族皆以吃松露为荣。在欧洲，法国和意大利是松露主要产区，它们当地所特产的黑松露和白松露也是极品。松露对生长环境要求非常严苛，通常依附在松树或是橡树的根部。每到松露成熟的季节，它周围的植物都会相继有不同程度的枯萎，仿佛被闪电劈过一般，因此松露也被称为"闪电的女儿"。

如何寻找昂贵的松露?

　　松露的生长周期只有一年，它伴随着一年四季的变化而成长，若不及时挖出，它会随着成熟而腐烂解体。意大利人会利用猎犬寻找松露，而法国人则习惯使用猪作为寻找松露的得力助手。狗的嗅觉灵敏世人皆知，一条训练得当的猎犬在市场上价格不菲，而有些人可能并不知晓，猪其实也拥有高超的嗅觉技巧，能快速帮助人们找到深埋地下几十厘米的松露。换句话说，我们可能也是在"猪狗口下"抢夺这一道餐桌上的珍馐美食呢!

松露真的很稀少吗?

　　因其价格高昂又珍贵，香味独特浓郁，松露常被分成小块或刨成小片切丝后加入菜肴中，是西餐中令人垂涎的美味。

在19世纪,松露产量一度达到最高,这是松露进厨房的全盛时期,普通家庭的主妇们也能在圣诞节大餐中加入松露,由此可见它的国民度。但经历过第一次世界大战后,松露产地多遭战争破坏,产量下跌,价格上涨。并且因为松露生长繁殖的天然性和生长过程中的不可预测性,只能通过所依附的共生树种的根部给予营养,无法进行完全的人工种植,直至今日仍然属于稀有食材。

除了法国盛产松露,松露在中国也有产区,多集中分布于云南、四川地区,从营养价值方面来说,与法国的松露极度相似,并无多大区别。

法国人怎么定义鱼子酱?

鱼子酱

法语单词cavier最早来源于波斯语"cahv-jar",最初由伊朗开始采制鱼卵,经过里海航运发展后变成知名菜品。在18世纪俄罗斯帝国时期,叶卡捷琳娜大帝经常在餐桌上用鱼子酱招待贵宾。轰轰烈烈的十月革命后,侥幸逃脱的一部分俄罗斯贵族流亡世界各地,也把这道佳肴带入法国。

如今在市面上,鱼子酱鱼龙混杂,形状不同,颜色多样,然而并不是所有鱼卵制成的酱都能被称为鱼子酱,挑剔严格的法国人对此有清晰的界定:只有鲟鱼产的卵才有资格被制成鱼子酱。其中,大白鲟(beluga)、奥西特拉鲟鱼(oscietra)和闪光鲟鱼(sevruga)的卵在鲟鱼类中最为高级。

欧洲作为世界鱼子酱第一大消费市场,法国更是鱼子酱消费文化中的佼佼者。近几年来,人们对鱼子酱的极大需求导致出现过度捕捞的态势,伴随着全球的环境污染,欧洲乃至世界的野生鲟鱼面临着数量锐减的危机,纯正的鱼子酱变得更加珍贵。但中国已经成功开启人工养殖鲟鱼的市场,我国千岛湖所生产的鱼子酱已经走上了世界的舞台,得到不少法国大厨的青睐,成为不少西餐厅的第一选择。

鱼子酱该怎么搭配品尝?

在法国人的日常生活中,鱼子酱作为一道奢华美食,只有遇到重大节日或是在特殊场合才会呈上餐桌。品质上好的鱼子酱色泽透明,泛着黄金般的光泽,味道纯粹浓烈。

鱼子酱和鹅肝不同,鹅肝适合与红酒搭配享用,而鱼子酱则更适合与酸味较重的香槟或白葡萄酒一起搭配食用。其中懂行的美食家会将鱼子酱放在虎口或手背上观察其品质,利用手的温度激发其香味,达到最佳口感。鱼子酱的海腥味较重,很多人一时无法接受这样的口感冲击,因此除了单吃外也会和菜肴搭配。

享用鱼子酱时使用的最传统餐具是由贝壳制成的汤匙,而不是常见的银汤匙,因为除了纯金之外的金属材质都会影响进食鱼子酱的口感。若想直接上手鱼子酱的话,法国人也会搭配烤面包、薄饼干一起品尝。

如何吃好一顿法餐

1. 进法国餐馆前,需在门口等侍者安排座位,不可越过侍者直接进入自行落座,否则会被视为不礼貌的行为。

2. 落座后,侍者会上免费的饮用水,或直接和侍者说"先生,请来一杯水(monsieur, un carafe d'eau, s'il vous plaît)",在点餐和上菜中也要时刻记得说谢谢(merci),不需要吝啬自己的感谢和赞美。

3. 若点了红酒,侍者会将这瓶酒在你面前启封,先倒一点点在你杯中,让你品尝确认有没有异味或别的问题,是否需要更换。等你点头之后,才会给你完全斟上。

4. 餐厅的菜单基本以前菜(entrée)—主菜(plat)—甜点(dessert)的顺序排列,前菜基本以沙拉、热汤等清淡菜为主,主菜则是肉类、海鲜的硬菜,配菜(accompagnement)基本以土豆、胡萝卜为主,上完甜点后若还想继续聊天闲谈,则可以再点一杯咖啡。一些餐厅也会推出当日套餐(menu),提供从前菜到甜点的一条龙搭配服务,通常包括了本店特色菜及代表作,极大方便了选择障碍症人群。

5. 在法国餐馆称呼侍者一般为先生(monsieur)或女士(madame),若用餐结束需要买单,可举手和侍者示意:"你好,我要买单(Monsieur/Madame, l'addition, s'il vous plaît)",但买单之心不可操之过急,用餐高峰时侍者抽不开身,迟迟不来的情况非常普遍,只能耐着性子等待。

6. 法国餐厅价格已包含服务费和增值税,但若侍者的服务令人满意,也可留下小费表示感谢,并没有硬性要求。

相关法语词汇

foie *n. m.* [fwa] 肝，肝脏; (食用动物)肝

法：Les francais aiment le foie gras et le caviar.

英：The French like foie gras and caviar.

中：法国人喜欢鹅肝和鱼子酱。

cuisiner *v. i.* & *v. t.* [kɥizine] 烹饪; 烹调

法：Elle aime chanter et cuisiner.

英：She likes singing and cooking.

中：她喜欢唱歌和做饭。

steak *n. m* [stɛk] (煎烤用的)大块牛肉片，牛排

法：Nous avons besoin de poissons et de steaks.

英：We need fish and steak.

中：我们需要鱼和一些牛排。

小提示：点餐中法语中的牛排几分熟怎么说？

bleu [blø] ——全生

saignant [sɛɲɑ̃] ——带血的，半生不熟的

à point [pwɛ̃] ——刚刚好

bien cuit [bjɛ̃] [kɥi] ——全熟

牛排不同的熟度

Chapitre 3

法国人的传统节日
Les fêtes traditionnelles en France

🗼 3.1 国王薄饼——三王来朝节 La fête des Rois

法国大部分的节日都与宗教有关,这体现了法兰西民族对宗教文化的信仰传承及对民族文化历史的重视。圣诞节和元旦过后,每年的 1 月 6 日便会迎来一个重要的节日——三王来朝节,也被称为主显节(épiphanie)。但因为当天并不放假(非法定节日),人们通常会在 1 月的第一个周日来庆祝。

什么是三王来朝?

作为一个基督教的宗教节日,它的地位甚至一度比圣诞节来得更重要。传说在耶稣降临时,来自东方的三位博士梅尔基奥尔、加斯巴尔和巴尔塔扎尔随着星光的指引,不远万里来觐见耶稣。他们其实是三位国王,为耶稣祈福许愿,并送上三件礼物:象征王权的金子、象征神圣的乳香和象征为了赎罪所承受痛苦的没药。同时,1 月 6 日也是耶稣的受洗日和迦拿婚宴奇迹的日子,具有重要的宗教意义。

为什么节日当天要分享国王饼?

由于觐见耶稣的路途遥远,这三位国王随身携带了混合着奶油的酥饼,也就是之后我们所说的国王饼。源于这个《圣经》典故,从此国王饼具有了美好的祝福祈愿寓意,被人们所世代传承。国王饼对于三王来朝节的意义,就如同我国月饼对于中秋节的意义一般。

但在历史上最早分享国王饼的并不是法国人,而是罗马人。旧时的罗马人为了庆祝农神节,宣布在当天可以打破平日的禁忌,让被压迫的奴隶们有资格加入节日的庆祝活动。罗马人事先会将一颗蚕豆藏进馅饼内,吃到这块幸运饼的奴隶就能获得当日片刻的

国王饼

自由,享受部分的特权,使施行奴隶制度的罗马社会在为期一周的节日期间内翻转主仆身份,奴隶并不会因此受到惩罚。

法国人在三王来朝节的当天分食烘焙薄饼的典型传统逐渐成形于14世纪,据说在路易十四的宫廷餐桌上也有分食国王饼的传统。但在不到一个世纪之后,法国大革命期间"国王饼"这个名称变成了众人攻击的对象,甚至有人提议将其改名。经过激烈的辩论斗争后,国王饼这一名称侥幸得以保留。然而没过多久,巴黎公社还是宣布废除国王饼。直至大革命轰轰烈烈结束,国王饼又重新被念旧的大家"请"回了餐桌,恢复传统,流传至今。

法国人如何享用国王饼?

根据地区不同,国王饼的制作也有所不同:在法国北方,当地居民习惯于制作圆形的千层薄饼,而在法国南部、西南部,薄饼更像是一种蛋糕形状的带馅甜饼。享用国王饼时,根据在场人数,薄饼会切成相应的份数,有时也会多留出一份,寓意为给"神的一份"或是"圣母的一份",是为第一个登门乞讨的穷人所准备的。

国王饼中藏有蚕豆,历经几百年后,人们想出了用瓷偶替代。经过第一次世界大战后,法国小镇利摩日制作的瓷偶从起初单一的耶稣瓷偶到之后多种多样的王冠、城堡、四叶草瓷偶,吸引了大家购买。商家还不断推陈出新,每年都发售新系列瓷偶供收藏癖患者搜集,堪比如今开"盲盒",唯一不变的是它一直都被大家称作"fève"(蚕豆的本义)。

时至今日,这一节日的宗教含义在法国人的日常生活中逐渐减淡,这个节日更多给人带来的是欢声笑语。这也是法国人在新的一年,在凛冽的冬日开启喜悦和祝福的日子。

在法国,国王饼的食谱并不是属于名家大厨的专属秘方,全国各地的甜品店、面包店都会制作这一道美味。作为一份法国的传统糕点,每到新年一月饼季,国王饼是所有甜品店和糕点店当仁不让的"C位",它的香味在大街小巷飘荡。商家陆续推出大小不一、独具匠心的新品国王饼,可供打包带回家,毕竟国王饼最重要的就是和家人朋友们一起分享。除了要求薄饼的口感之外,最重要的便是配合国王饼食用的仪式感。在吃完当日正餐之后,国王饼被端上餐桌,全场年纪最小的孩子会躲到桌子下分配指定谁吃哪一块饼,保证了公平性。跟我国北方过年吃钱币饺子一样,最终吃到饼中那颗蚕豆或是瓷偶的人便是当日的"国王"或是"王后",大家为其举行"加冕仪式",戴上商家赠送的硬纸王冠,在当天

法国第24任总统奥朗德与国王饼

获得"特权",并得到大家的祝福,迎来一整年的好运。

从成人到小孩,每个人都喜欢国王饼,不仅好吃更因为好玩:借此佳节与亲朋好友齐聚一堂,抛开餐桌礼仪,抛开长幼尊卑,为了游戏凑在一起嬉笑打闹,让每个人都梦回童年,吃到梦寐以求的蚕豆,祈愿新的一年美梦成真。

从1975年起,法国爱丽舍宫便有一个有趣的规定:每年新年招待会上,主厨会为总统准备一个巨型尺寸的国王饼,由总统本人亲自操刀分配这块顶级美味,借此向全国人民传达诚挚的新年祝福。值得一提的是,这块国王饼中绝不会找到任何蚕豆,毕竟,共和国总统府内怎么可以有国王呢! 但是这足以看出法国人对传统节日的传承与爱护。

可丽饼的传说

弥漫着国王饼香气的三王来朝节过后,2月2日将会迎来圣蜡节(La Chandeleur)。这是一个在古罗马牧神节基础上衍生出来的独属宗教节日,传说这一天是圣母玛利亚带着初生耶稣到主堂瞻礼的日子。除此之外,它还是一个属于饕餮者们的美食节日。

按照传统,在这一天,所有法国人家里的蜡烛都应被点亮。法国人为了迎接春日时节,告别寒冷冬日,在圣蜡节间还会制作一种形状类似金灿灿太阳的油煎薄饼,预示着寒冬与春天的交替,这种薄饼也就是我们现在所说的可丽饼(crêpe),被戏称为法国版的煎饼果子。传说一边摊可丽饼,一边手握一枚金属制品(例如硬币),预示着这一年就会财运亨通,财富昌盛。

可丽饼最早起源于法国布列塔尼地区,曾有传闻说道,过去的布列塔尼荒凉贫瘠,落

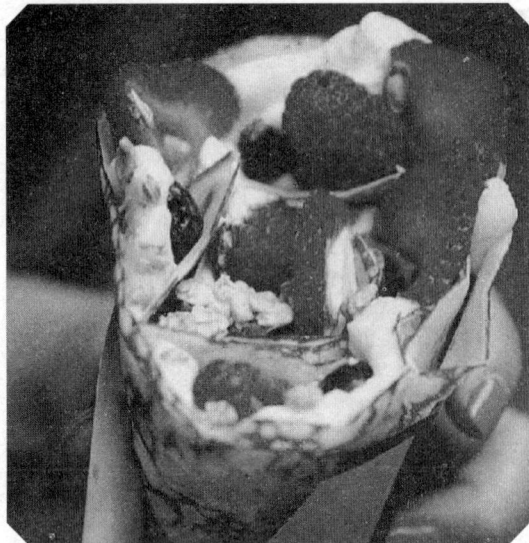

随处可见的法国可丽饼

后贫困，当地居民只能依靠荞麦面粉制作的薄饼充饥度日，逐渐地，这种薄饼演变成了当地的主食。还有一种说法则是十字军东征时带来了亚洲的荞麦，当地人民将此制作薄饼食用，最后变成了布列塔尼的符号。虽然来源说法不一，但不影响可丽饼在全世界范围内的广泛传播。2月2日被布列塔尼人认定为"可丽饼日"，当地人民会在那天手拿着可丽饼穿梭在大街小巷、餐厅、小酒馆中载歌载舞，带着浓郁的布列塔尼当地特色来庆祝节日。

这种地道美食最大的特点就是制作地点的随意，不似鱼子酱、鹅肝、松露那般对烹饪条件严苛挑剔，有一口锅便可支撑起可丽饼的整个世界。今日在法国各地的街头巷尾，可丽饼小摊随处可见。现做的奶油煎黄饼皮，配上香蕉、樱桃、蓝莓等一些水果，撒上细砂白糖或是法国人最爱的经典巧克力酱，利索地折叠包裹好就是最简单的平摊可丽饼。站在寒风凛冽的饼摊前，手握一块热乎乎的可丽饼，一口下去整个人都带着温暖的甜味，幸福感满满，这也是无数在法国生活过的朋友们难忘的冬日回忆。在法国，尤其是布列塔尼地区，甚至有专门的可丽饼餐厅，菜单中数十种口味的可丽饼任君选择：前菜、主菜会以可丽饼为基底加工而成，甜品则更不用说，加满奶油、水果、芝士果酱的甜味可丽饼琳琅满目。享用薄饼的同时配上布列塔尼出产的酸甜苹果酒，更能突出它别致的风味。

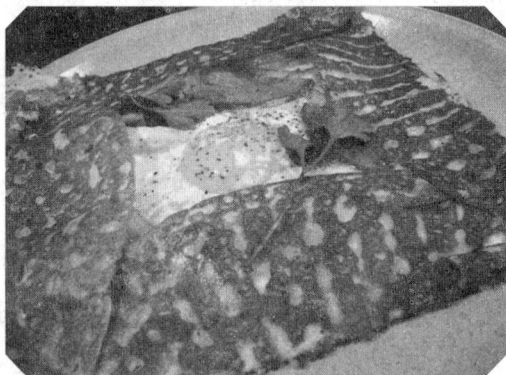

"甜咸"可丽饼之争

和我国粽子、豆浆的"甜党""咸党"之争一样，法国人除了拥有甜味可丽饼之外，市面上也有满足其他受众人群的咸味可丽饼。咸味可丽饼一般用荞麦粉和水制作，会在薄饼的表面撒上火腿、洋葱、西红柿、蘑菇、熏肉或者煎蛋，从某种意义上来说，更像一种煎饼。它也是餐厅中经常被点的网红食物，给予人不一样的美味！

宗教与美食并存的圣蜡节过后,也意味着以圣诞节开头的冬季节日在传统意义中终于告一段落,贯穿前一年年末和新一年开头的圣诞周期彻底完结。阳光普照,春暖花开,人们该转身迎接新一年的春日好时节了!

相关法语词汇

fête *n. f.* [fɛt] 节日;节庆;纪念日

法:Les Chinois ont beaucoup de fêtes traditionnelles.

英:Chinese people have many traditional festivals.

中:中国人有很多的传统节日。

galette *n.f.* [galɛt] 饼;饼状物

法:Elle a acheté des galettes aux enfants.

英:She bought some biscuits for the children.

中:她给孩子们买了些薄饼。

couronne *n.f.* [kurɔn] 冠冕;王冠

法:La couronne royale est le symbole de la royauté.

英:The crown is the symbol of royalty.

中:王冠是王权的象征。

3.2 全国都凑热闹的国庆节 La fête Nationale

1789年,路易十六的君主专制统治让人民对封建王朝的不满达到了顶峰。7月14日,巴黎警钟长鸣,人民为自由奋起而战,走上街头,高喊着"到巴士底狱去",拿起武器,一举攻占了象征封建统治的巴士底狱,成为全国革命的第一颗信号,拉开了法国大革命的序幕,这一天被称为巴士底日。1880年6月,法国议会正式将国庆日定于7月14日,以此纪念法国人民为自由而革命。

国庆节是法国形式隆重的节日之一,当天的户外建筑物上纷纷挂起国旗,公共场所装饰起彩灯与鲜花,这是法兰西共和国与法国人民共同庆祝的一天,白天阅兵式和傍晚的烟火表演是当日的重头戏。

法国国庆阅兵式一开始并不在香榭丽舍大道上举行,除去两次世界大战等少数年次外,阅兵式曾在法国不同的街道、跑马场、军事学院内举办。它比其他国家阅兵式更特别的一点是别国士兵军队也会受邀参与:2004年英军的身影曾出现在香榭丽舍大道上;2008年联合国维和部队首次参加法国阅兵;2009年阅兵方队中出现过印度陆海空三军士兵等。

埃菲尔铁塔前的国庆烟花表演

阅兵仪式的当天,第一道序幕通常会由法国的"法兰西巡逻兵"飞行表演开启。编队成列的机群在经过巴黎凯旋门上空时,飞机机尾会喷射出法国国旗上的蓝色、白色和红色的烟雾,这三种颜色象征着自由(liberté)、平等(égalité)和博爱(fraternité)。底下人头攒动,群众挤满街道的两端,不断传来热烈欢呼,甚至齐声高唱国歌,电视台也会在街头开启直播采访,热闹非凡。法国总统会在现场检阅帅气高大的骑兵卫队、全副武装的坦克与士兵纵队,多国领导人也相继出席,仪式感庄重而强烈。

除了白天隆重的阅兵仪式,夜晚更是全民的一场狂欢。每年在埃菲尔铁塔之下,法国政府都会邀请世界知名音乐家前来战神广场表演。2013年,我国著名钢琴艺术家郎朗也曾受邀于法国政府,在露天舞台上演奏一曲法国作曲家拉威尔的《G大调钢琴协奏曲第三章》,带来不同国界交流艺术的盛宴,赢来数十万观众雷鸣般的掌声与喝彩。人们驻足聆听浪漫音乐,抬头观赏绚烂烟火,各大餐馆、酒吧彻夜不休,整座巴黎变成璀璨流动、光影交互的欢乐海洋。

而举办这样一场盛大华丽的烟火表演究竟要投入多少钱?

根据法国《世界报》报道,巴黎市政府统计得出,2017年巴黎的国庆烟火表演预算高达75万欧元,时长持续35分钟。这笔钱中,35万欧元用于烟火,其余部分则用于表演、安保措施及工作人员费用支出。这些让人不禁在欣赏赏心悦目的烟火之余,感慨这也是个预算很高的节日呢!

不仅仅在首都巴黎,全国各地在这一天也会有大大小小的烟火表演和民间舞会,不计其数的烟花表演在法国夜空上演引来无数人的观赏。无论是繁华都市还是静谧乡村,这一天深夜的天空都笼罩在灿烂的花火之下,人们伴随着音乐相继摇摆身体,加入舞会派对。

国庆节期间最有名的舞会,莫过于消防员舞会(bal de pompier)了。消防员勇敢无畏,面对火灾、爆炸等险情逆行而上,在法国是一个受人尊重且形象优秀的职业,特别是在巴黎,消防员是人民群众心目中的英雄。2019年4月震惊全世界的巴黎圣母院火灾,在救援行动中英勇付出的消防员都被授予了马克

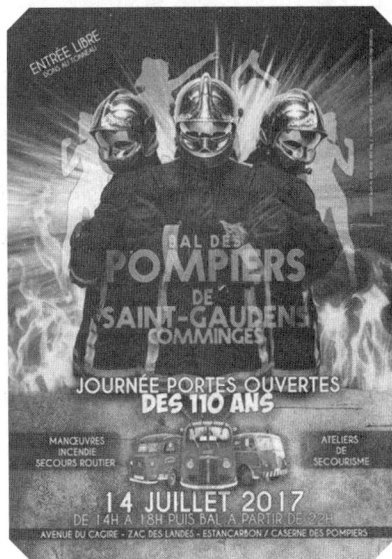

2017年消防员舞会海报

龙总统嘉奖的黄金勋章。在过去几年的阅兵仪式中,消防员还是唯一出现过两次的队伍,足见其受欢迎程度。

每年在国庆节前夜举办消防员舞会已有多年传统,在形成真正的音乐派对舞会之前,它只是一场在营地组织的和家人一起的聚会,其间消防员进行形体展示、军械射击和枪炮表演。到了20世纪30年代,羡慕的旁观者们忍不住敲开营地大门,一起加入狂欢,共同庆祝节日。如今法国部分消防分局会在国庆期间开放内部场地,邀请大家一起喝酒跳舞,颜值、身材俱佳的消防员们作为酒保、舞伴、安保人员出现,服务大众,所有人狂欢热舞持续到凌晨,这也是国庆节中最具节日气氛、最接"地气"的一面。

作为节日庆典传统之一,有些消防员舞会需要付费入场,还有一些免费的消防员舞

会也会按照传统,在门口摆放一只酒桶进行自愿捐助,所捐钱款都用于改善消防员的工作条件。

国庆节这天是所有法国人充实、繁忙、彻夜不眠的一天,它既展示了威武、勇猛如铁汉一般的法兰西,也展露出温柔、浪漫如少女一面的法兰西,它在历史的长河中记录了法国人民奋进斗争的历程,也释放了现代法国人民恣意奔放的天性。在这一天,白天到夜晚的庆祝活动不断,法国人面对节日欢乐且庄重,全民沉浸在蓝、白、红的海洋之中,以各自喜爱的方式度过这个普天同庆的日子。

7月14日,历史上的今天

为什么会攻占巴士底狱?

当时的封建制法国将社会分成了三大阶级:第一阶级的教士、第二阶级的贵族和第三阶级的平民,全国大部分特权都掌握在前两个阶级手中,波旁王朝国王路易十六作为特权阶级的最高领袖,维护其阶级最高统治地位。18世纪末,资本主义在部分地区已经非常发达,虽然资产拥有者在经济上已经拥有一定的地位,然而身处第三阶级仍然被统治,在政治上无处发声,其中不乏一些知识分子、商业人士、律师、作家想改变自己的命运,争取自由的权利。

在特权阶级与被统治阶级的冲突激烈之时,国王路易十六在凡尔赛宫召开了已有175年未召开的三级会议,企图对第三阶级增税,缓解财政危机。此番举动引起了第三阶级的强烈反对。投票失败后,路易十六依然强制加税,第三阶级宣布成立国民议会(也就是之后的制宪议会),要求要求制定宪法,限制王权,实行改革,获得了广大底层人民的支持与拥护。路易十六意识到了危机,企图解散议会出兵镇压,愈发激起了不可调和的矛盾,致使巴黎人民武装起义。

法国巴士底狱

历经前几日的激烈反抗后,1789年7月14日当天到了武装斗争的高潮,国民自卫队和巴黎的群众不约而同地涌向巴黎最后一座封建堡垒,用四处搜集而来的武器火药轰断了吊桥的铁链后,冲入了巴士底狱。

　　当年被攻占的巴士底狱，其实只有7个囚犯。曾经的巴士底狱并不是一所监狱，而是一座始建于14世纪，为了抵御"百年战争"，用来保卫巴黎城的军事堡垒。随着巴黎城市面积的扩张，曾经位于城外的堡垒变成了市中心内的一座建筑物，不再承担军事防御用途。国王路易十一将其改造成了一座皇家监狱，专门用来关押政治犯，18世纪著名思想家、文学家伏尔泰也曾两次被关押于此，它是当时法国专制王权的象征。

　　然而随着时间流逝，整座巴士底狱已经不再是关押政治犯的高级监狱，但仍在大部分人心中保留着固有的形象。带着对封建秩序的愤怒，近千人一路血战，冲进并攻占巴士底狱后发现，这里不仅没有传说中的政治犯，真正关押的犯人也只剩下7个。但人数并不是所有人所在意的重点，巴黎人民攻占巴士底狱从某种层面上来说，是摧毁当时专制王权和封建统治开端的象征，它像是黑暗空中的一颗流星，唤醒其他城市，纷纷效仿巴黎人民进行革命，武装夺取政权，建立自己的军队。

　　攻占巴士底狱之后不久，这座曾经固若金汤的堡垒就被彻底拆除，重建为巴士底广场，只矗立着一根柱子，以此纪念这段伟大的历史。

相关法语词汇

révolution *n. f.* [revɔlysjɔ̃] 革命；革命性的变革

法：La révolution industrielle fait de la France un pays industriel moderne.

英：The industrial revolution made France a modern industrial country.

中：工业革命使法国成为一个现代工业国家。

liberté *n. f.* [libɛrte] 自由；自由权

法：Elle veut travailler pour gagner sa liberté.

英：She wants to be free through her work.

中：她想要通过工作赢得自由。

égalité *n. f.* [egalite] 相等；同等；均匀

法：On doit respecter l'égalité devant la loi.

英：Everyone is equal before the law.

中：法律面前人人平等。

🗼 3.3 法式"清明节"——诸圣瞻礼节 La Toussaint

4月初,恰逢清明时节雨纷纷,来到了我国古老又传统的节日——清明节。清明作为二十四节气之一,除了能从客观上较为准确地反映气温、降雨等变化因素,用于指导古代人进行农业耕作之外,还是扫墓思念已逝亲人的季节。这一天,我们都会带上鲜花、贡品祭奠先祖,思念故人。

法国也有类似的纪念先人的节日吗?

法国诸圣瞻礼节

诸圣瞻礼节(Toussaint)的起源最早可以追溯到公元5世纪,据说在1801年后,诸圣瞻礼节才定为四大规定放假的宗教节日之一。虽然官方将祭奠亡灵的诸灵节定在11月2日,但是法国人更习惯在前一天也就是诸圣瞻礼节去祭拜先人,因为那一天是全国休息的法定节假日,也是一个为所有圣徒进行庆祝的节日。从某种意义上来说,法国的诸圣瞻礼节就好比我国的清明节。

按照节日的特定传统,这一天家人们会相聚在一起,前往墓地祭奠逝去的先人,附上想要对逝者诉说的思念卡片,献上菊花(chrysanthèmes)或代表惦念的鲜花以表追思。

作为一个被写进法国日历中的法定节日,在一些人看来,诸圣瞻礼节过后,寒冷就会到来,严冬就此降临,这也是冬季开始的一个标志。

诸圣瞻礼节和万圣夜是同一个节日吗?

万圣夜(Halloween)是在每年10月31日夜晚庆祝的一个节日,它最早起源于居住在爱尔兰、苏格兰和威尔士的凯尔特人地区。他们认为一整年的结束在于夏末,而这一天正好表示灿烂夏天的正式结束,严酷的冬天即将来临,是新一年的伊始。凯尔特人深信,这一天除了表达对太阳神的敬意、庆祝年度丰收之外,已故的亡魂会随着死神在这一夜重回故地,寻找活人身上的圣灵进行还魂复活。当地人们惧怕被亡魂侵袭,于是在当晚燃起一场篝火,举办占卜、宴会等一系列仪式,并在家熄灭蜡烛,吹灭炉火,戴上诡异的面具装扮成鬼怪的样子,拎着萝卜灯(也被称为杰克灯)在各村落之间巡游,借此吓走鬼魂。

随着时间推移,世事变迁,万圣夜褪去了原本的迷信含义,逐渐演化成了大家相聚狂欢嘉年华的日子。萝卜灯也在万圣夜随着爱尔兰移民潮进入北美洲。因南瓜体积较大又好雕刻,萝卜灯被替换成我们现在所熟知的橙色南瓜灯。它作为万圣夜的象征之一,恰如其分地衬托出节日的氛围,又在画面中显得可爱惹眼。

和美国的全民狂欢不同,万圣夜起初在法国遭受冷遇,不受欢迎。法国人认为万圣夜作为一个异教徒节日,与诸圣瞻礼节不同,它没有任何重要的宗教意义,也不符合法国人的内在价值观,并不值得大肆庆祝。甚至有人公然提出批评并表示不屑,认为从欧洲传出又兜兜转转流传回来的万圣夜是一个过于美国化、与法国自身文化脱节的节日,其内涵过于苍白肤浅。但近些年,随着万圣夜借着商业化而在全球日渐普及,这个节日又在法国变得十分流行,愈来愈多的商家也从此嗅出了有利可图的气息。

每到这一天,装饰着橙色、紫色和黑色主题的商店开始出售雕刻精美的南瓜灯,陈列各式各样惊恐吓人的乔装服饰,巴黎迪士尼乐园甚至会在万圣夜开放"幽灵周末"主题,吸引大家前往游玩。装扮成吸血鬼、佛兰肯斯坦、幽灵或一些时下流行的惊悚人物的孩子们游走在街道上,带着"不给糖就捣蛋

万圣夜的南瓜灯

(Des bonbon ou un sort)"的口号挨家挨户敲门,索要糖果零食。学校和幼儿园也会在老师的带领下,针对万圣夜举办主题活动,启发孩子们的想象力,参与各式各样的娱乐游戏。

对于法国年轻人来说,这是一年一度能和朋友开玩笑的时机,也是大家相约聚会玩乐最合适不过的理由。在各种万圣夜广告和商业宣传下,当日的剧院、餐厅、酒吧会举办相应的万圣夜活动彻夜狂欢,或大家相约在家一起看主题电影,办起恐怖派对。它作为一个全民狂欢的节日,很好地填补了法国夏日假期结束和冬日圣诞来临之间的空白,尽管它还没有完全融入法国本土文化,但受到时下越来越多法国年轻人的追捧。

墓地，并不可怕！

英国作家王尔德(1854—1900)的墓碑

巴黎拉雪兹神父公墓

对于如今的法国人来说，墓地并不是一个诡异恐怖、令人恐惧的地方。法国许多城市的墓区都建在市区甚至靠近中心的繁荣地带。一些法国人的住宅区也会建在墓区周围，住宅面朝墓地，窗户大开，法国人对此习以为常，并不会觉得对日常生活有任何影响。时常也会在墓园看到坐着一边看书一边吃三明治的青年，推着婴儿车悠闲散步的妇女，踱步遛狗晒太阳的老爷爷，他们并不以冷寂的墓园为意。

一些埋葬著名人物的公墓，还会有络绎不绝的游客前来参观打卡，例如巴黎的拉雪兹神父公墓(Cimetière du Père Lachaise)，被誉为最有艺术气息的公墓园区。它坐落于巴黎市东边，被世人所熟知的波兰"浪漫主义钢琴诗人"肖邦、英国著名作家王尔德、法国现代小说之父巴尔扎克、法国歌唱家琵雅芙(小云雀)等众多艺术家、王公贵族和风云政客都葬于此，举世闻名的巴黎公社社员墙也是这座公墓的一部分。

走进拉雪兹神父公墓，抬起眼帘会看见形形色色有趣又不羁的灵魂：肖邦逝世时年仅39岁，他的墓碑上立着一尊倾听少女的雕像，格外引人注目；巴黎公社领导人之一鲍狄埃，同时也是《国际歌》的作者，他的墓碑雕刻成一本写着《国际歌》的书；恃才傲物、放浪形骸的同性恋作家王尔德的墓碑上永远布满女性的红唇印，尽管定期清洗，也阻挡不住游客的热情，以至于墓碑被套上了玻璃罩……这里不仅埋葬着伟大的灵魂，还将他们曾经的辉煌铭刻于此，让世人所知。

　　每年拉雪兹公墓所接待的游客达到数十万,已然变成一个著名旅游景点,吸引人们来认识了解历史,瞻仰这些沉睡于此的灵魂。但它并不是一个只埋葬名人的公墓,若缴纳足够的费用,寻常人家也可同样在此拥有一块属于自己的墓地。

　　除了拉雪兹神父公墓之外,巴黎还有两大著名公墓:蒙马特公墓、蒙巴纳斯公墓。位于巴黎十八区的蒙马特公墓(Cimetière de Montmartre),是巴黎最古老的墓园之一,它所在的蒙马特区坐落着圣心大教堂、红磨坊,因此也埋葬着许多生活在此的艺术家。浪漫派作曲家柏辽兹、作家龚古尔、新浪潮导演弗朗索瓦·特吕弗、作家司汤达、诗人海涅都长眠于此。最著名的要属出生于埃及开罗的歌手黛莉达,她在20世纪七八十年代红极一时,是第一个获得戴高乐直接颁发共和国总统勋章的人,然而因无法面对爱人的离开而选择了自杀,结束了璀璨亮丽又悲凉的一生。如今她的墓前矗立着一座真人等身的雕像,鲜花堆满四周。

　　蒙巴纳斯公墓(Cimetière du Montparnasse)初建于19世纪初,这里埋葬着许多文学艺术界名人。最特别的一定是存在主义哲学大师萨特和女权主义创始人之一波伏娃,这一对伴侣一生没有结婚,各自不断拥有情人却又被爱情维系在一起,逝后继续一起长眠;写下《恶之花》的诗人波德莱尔虽肉体不得不与生母继父合葬,但巴黎人民依然为他在此立下精神上的纪念碑;因著有《广岛之恋》《情人》而闻名的杜拉斯在82岁时逝世,最后一个和她相差38岁的情人为她写下纪念书册并合葬于此;被誉为世界三大短篇小说巨匠之一的莫泊桑在遭遇疾病折磨后不得不放下笔,如今矗立在这儿的墓碑是一座白色的大门。

　　我们所说到的这些墓地,与其称为公墓,在某种意义上不如说更像是艺术之廊。经过数百年的沉淀,包容、开放成就了法国,它作为世界艺术的中心,连墓地都带着与众不同的建筑特色,风格独一无二,令人难忘。

相关法语词汇

mort, e *n.f, adj, n.* [mɔr] 死,死亡;死的,死亡的;死人,死者

法:Il n'a plus sa grand-mere. Elle est morte.

英:He no longer had a grandmother. She died.

中:他不再有祖母了,她去世了。

tombe *n.f.* [tɔb] 坟墓,埋葬处

法:Est-ce que cette tombe est la tombe du roi Arthur ?

英:Is this the tomb of King Arthur?

中:这个墓是亚瑟王的墓穴么?

fleur *n.f.* [flœr] 花;有花植物

法:La tulipe est la fleur nationale de la Hollande .

英:Tulip is the national flower of Holland.

中:郁金香是荷兰的国花。

🗼 3.4 加入你的愿望清单，来法国过一次圣诞节 La fête de Noël

西方国家对于圣诞节的态度不亚于我国对春节的重视程度。作为一个宗教节日，人们习惯于将这个节日与纪念耶稣诞生联系在一起。根据《圣经》记载，当玛利亚快要临产之际，罗马政府下令全部人民必须回到出生地申报户籍，约瑟和玛利亚不得不连夜赶路前往。半夜无处可住，只能找到一个马棚落脚，在那晚耶稣突然诞生，于是

斯特拉斯堡旅游局

只能将他生于马槽之上，这也是如今西方圣诞节会布置马槽装饰的来源。

每年还不到12月，各路商家就已经摩拳擦掌、跃跃欲试，各大商场在不经意间焕然一新，相继布置起华丽的圣诞装饰，点缀着红白绿经典色的橱窗闪耀着圣诞气息。市政厅门口搭起宽阔的溜冰场，流光溢彩的摩天轮和旋转木马隆重登场，圣诞乐曲在耳边萦绕，挂着圣诞彩灯的街头充满了浪漫的童话氛围。这一切都在提醒那些埋头忙碌了一年的法国人，翘首以盼的圣诞假期就要来了！

在圣诞节的前夜，家家户户都已装饰好圣诞树，挂起圣诞花环。最隆重的莫过于平安夜（réveillon）的这顿大餐，许多家庭会提前一个月就开始筹备这一顿象征团聚的家庭宴会，毕竟这是身居天南地北的亲人回家相见的日子。这一晚无论是谁，都会早早回到家，开启和家人重聚的温暖时光。

精心烹调的自制火鸡、法式白肠、鹅肝会被摆放进精美的餐盘送上餐桌，当然还包括最后大家一起品尝的树干蛋糕（bûche de Noël），这是一款法国有名的圣诞甜品。相传在过去的法国，大家在圣诞期间都会砍下带着果实的树木，在壁炉燃烧其中一根木柴，这根木柴必须粗大且点缀着果子，在圣诞节期间点燃保持不灭，确保来年丰收和生活顺利。随

着生活条件的改善,燃烧的木柴被制作的树干蛋糕所代替,树干也成为来年好运连连的象征。晚餐前后,有宗教信仰的家庭也会相伴去教堂进行子夜弥撒,整个教堂挤满了人群,上方飘荡着洋溢着节日祝福的赞美诗和圣诞颂歌,使人平静且愉悦,充满幸福感。

第二天清晨,大家都会在圣诞树下或是床头收到来自圣诞老人连夜"送"来的圣诞礼物和捎带祝福的圣诞卡片,坐在一起互相拥抱,彼此感谢。这是一个充满温情的盛大传统节日,对于法国人而言,如同我们过春节一般隆重且值得认真对待,这一年的结束也意味着下一年的重新出发,给人以新的希望和目标。

哪里才是法国历史最悠久的圣诞集市?

圣诞集市上的摊位

在圣诞前夕,欧洲各个城市都有举办圣诞集市(marché de Noël)的传统,它是圣诞文化不可或缺的一部分。圣诞集市从圣诞前一个月开始装扮,到圣诞节当天结束营业。木质外表的小屋排列成队,木梁上点缀温暖的黄色灯光,集市摊位上贩卖与圣诞节相关的精美装饰物、手工艺品,抑或是出售当地特色饮料美食,气氛快活得像个小型游园会。

位于法国东北边的斯特拉斯堡被誉为法国圣诞之都(capital de Noël)。这个有着沧桑历史的边境城市位于法国与德国交界,曾是法德两国长期争夺的焦点。斯特拉斯堡整个城市都弥漫着阿尔萨斯民族的气息,在老城区,嵌套民族特色的木筋房随处可见,市中心因为遍布中世纪精美建筑而被联合国教科文组织列为世界文化遗产地区。

每年圣诞前夕,斯特拉斯堡市政厅、旅游局、大教堂等标志性建筑物都会在外表点缀五彩缤纷的姜饼人、俏皮爬墙的圣诞老人和异彩纷呈的糖拐杖,漫天飘起彩色的泡泡,橱窗亮起一整晚不灭的灯光。市中心的

斯特拉斯堡的圣诞集市

克勒贝尔广场都会树起一棵高达30米的圣诞树,搭起临时的节日舞台,当地乐队上台弹唱美妙的乐曲,整座城市沉浸在浓浓的节日氛围中,火树银花童话般美好得不切实际。

这里的圣诞集市起源于1570年,至今快走过5个世纪,是世界上最古老的圣诞集市之一。每逢圣诞之际,围绕市中心分布的300多个小木屋张灯结彩,吸引世界数百万游客前来游玩观赏。木屋下陈列着一排排让人眼花缭乱的圣诞手工艺品:属于地方特色的手工绣品、手工香皂、圣诞泥塑玩偶及窗台、桌上的精美装饰小物,同时还能品尝到阿尔萨斯当地最负盛名的酸菜腌肉、火焰薄饼和传统的杏仁奶油蛋糕。

最受欢迎的热红酒

圣诞节期间最受欢迎的饮品当属热红酒(vin chaud),最早的热红酒配方在有2000年历史的古罗马时代食谱中被记载。随着种植葡萄、酿制葡萄酒技术传进欧洲大陆,热红酒也被一并带入欧洲人的生活习惯中,如今它是欧洲圣诞节盛行的必备饮品。热红酒通常选用便宜的餐酒作为原料,加热后不会有过高酒精含量,酒中除了放入苹果、橙子等水果切片之外,还有丁香、肉桂、八角等香料的加持,口感醇厚酸甜,一杯下肚,胃也跟着暖和起来。

寒冷的冬日大雪纷飞,大家人手一杯氤氲馥郁的热红酒,在圣诞集市中漫步,一口入腹的微醺中带着一丝温暖,是所有人都无法放下的冬日佳品。

想知道热红酒在家该怎么做?

真的可以找到圣诞老人吗?

圣诞老人(Père Noël)的家在哪?这是每个收到圣诞礼物的小孩子都会在童年时好奇并提出的一个问题。作为一个每年圣诞期间不可替代的重要角色,圣诞老人的故乡所在地一直被人们争论不休,德国、丹麦、加拿大、法国、芬兰、美国等国家都争相认为圣诞老人来自于自己的国家。1985年,芬兰旅游局为了加强这个传说的真实性,在芬兰罗瓦涅米地区以北的北极圈内建立了圣诞老人村,这里地处寒冷极地,也是驯鹿的故乡。在1995年圣诞前夕,当时第六任联合国秘书长加利将一封圣诞贺卡发往芬兰的罗瓦涅米,此番举动

来自芬兰的圣诞老人

让来自芬兰的圣诞老人则变成人们口中最"正宗"的一位。

位于芬兰罗瓦涅米的圣诞老人村,是成千上万圣诞迷前来圆梦的地方。这里就像童话中所描写的那样冰雪覆盖、白雪皑皑,驯鹿拖着雪橇在雪地飞驰,温暖的灯光映照着原木屋顶,屋内炉火正旺,发出噼里啪啦燃烧的声响,屋外门檐的铃铛叮当作响,远处闪烁着属于这个季节的变幻莫测的极光。这个村庄拥有世界上独一无二的圣诞老人邮局,每天都会收到全世界孩子们的真挚来信。圣诞老人还拥有他的专属办公室,房间内挂满了与世界名人的合影,当然来到这里的普通人也可以享有和圣诞老人合照的权利。

虽然在一些人看来,这样的圣诞老人村充斥着商业的气息,但它依然为怀有童心的人儿编织了一个梦想。毕竟谁不想被精通世界各国语言,蓄着白花花长胡子的圣诞老人拥抱在怀,笑眯眯地回答各种有趣问题,重温甜蜜的童年回忆呢?

法国人的悠长假期

按照法国政府颁发的法定节假日表,圣诞节只放假一天,但是我们总能看到许多法国人在圣诞期间选择放长假,集体外出旅行。不仅仅是圣诞期间,法国人号称一年有一半的时间都在放假,这是怎么做到的?

首先有一点可别忘了,法国人一周规定的工作时间为35小时,带薪休假的计算方式不以工龄为参考依据,但凡遇上比较靠近的假期,法国人会通过"搭桥"(faire le pont)的方式将假期延长。

什么叫搭桥呢?

打个比方,如果这个周二是国家法定假日,那周一就是周末和法定假日之间的一座"桥",连起来可以放4天假。但这不是额外的假期,而是要从RTT制度或年假中扣除。所以每当新年来临之际,法国人只要手上一拿到新的年历,便马上可以知道下一年"搭桥"休假的机会有多少啦!

那上文所提到"RTT制度"又是什么？

RTT制度的法语全称为Réduction du temps de travail，是工作时长超过35小时的责任制员工可拥有的福利制度。若每周工作时间多于35小时，就可以折算成假期，去补超时工作的时长。

除了法定假期，法国人还有5周固定带薪年假（congés payés）——法国历来就有夏季放假的传统。1936年，法国第三共和国首次颁布了减少周工作时间和增加15个工作日带薪假期的法令，至此将享有长假的权利普及到了法国的各个阶层尤其是劳工大众。在此之前，只有公务员、记者和铁道员工享有带薪年假。随着时间的推移和政治经济强有力的发展，法国的带薪假期也开始变得越来越长：20世纪50年代到70年代，法国经济的迅速上升期为带薪假期提供了有力而稳定的社会大环境，因此到1969年，法国政府将带薪休假延长至4周，到1982年，法国密特朗政府旨在提高劳工待遇和社会福利，带薪休假再度延长至5周，并且具备强制性。

法国人一般会结合自身情况，精心安排好自己的闲暇假日。除了不可动摇的夏日长假外，不少人将这5周的长假进行拆分：有的人会利用自己攒下的调休日进行"搭桥"，选择在公共假期最集中的5月休一次大假，让假期更悠长；更多的人会选择在圣诞和元旦节日期间安排休假，享受一家人团聚的美好时光。公司的上班族若想休假，就必须提前和上司申请并进行协商，老板往往会根据今年公司的经营情况来安排下属的轮休。当然也有一些"心宽"的小型企业，会干脆利落地直接停业一个月，员工集体放下工作重担，全身心放松地奔向沙滩和海边，享受美妙的假期。

带薪假期再加上固定周末双休、RTT制度、前后搭桥凑长假的天数，粗略计算，大部分法国人一年365天约有150天不用工作！这也难怪引起其他国家人们的羡慕，在四五月的春季、七八月的夏季或是圣诞节期间法国人都可以有一场逃离现实生活的超长出行假期。

对于天性崇尚自由的法国人来说，带薪放假已经融入了每一个人的精神血液之中，让人可以更加认真、精力十足地投入工作与生活；同时，长假期的开展同时也带动了各地旅游业、娱乐业及交通业的兴旺发展。

法国学生的假期就更多了：一年包括两个星期的诸圣瞻礼节假期、两个星期的圣诞节假期、两个星期寒假、两个星期春假和两个月暑假，加上其他小节假日，这样的学习生活着实让其他国家的学生"羡慕嫉妒恨"啊！

令全世界人羡慕的法国带薪年假真的那么美好吗？

相关法语词汇

noël *n.m.* [nɔɛl] 圣诞节;圣诞期间

法:La veille de noël, nous dinons en famille, mais les enfants, eux, veulent vite aller se coucher pour se lever tôt et ouvrir leurs cadeaux.

英:On Christmas Eve, we have dinner with our family, but the children, they want to go to bed quickly so they can get up early and open their presents on Christmas day.

中:圣诞前夕,家庭成员会在一起吃饭,但是孩子们想快睡觉,这样圣诞节当天他们可以早起打开礼物。

marché *n. m* [marʃe] 市场;商业中心;交易

法:J' irai au marché samedi matin.

英:I will go to the market on Saturday morning.

中:我星期六早晨将要去一趟市场。

joyeux, -se *a.* [ʒwajø, -z] 高兴的;快乐的;愉快的;兴高采烈的

法:Je vous souhaite un joyeux Noël.

英:Merry Christmas to you.

中:我祝愿你圣诞节快乐。

Chapitre 4

出行吧，这里风景独好
Les sites touristiques en France

🗼 4.1　流动的盛宴——巴黎 Paris，un festin mobile

　　"如果你有幸在年轻时待过巴黎，那么以后不管你到哪里去，它都会跟着你一生一世，因为巴黎是一场流动的盛宴。"海明威的这段话，出自他1921—1926年在巴黎生活的一段回忆写成的书《流动的盛宴》，让后世无数人做过关于巴黎的梦。

　　巴黎不仅是法国的首都，也是世界浪漫艺术的焦点，承载着每个法语人的梦想；它也曾出现在众多经典电影中，成为每个电影迷的打卡之地。对于第一次来到巴黎的旅行者们来说，除了旅游指南上描绘必去的埃菲尔铁塔、罗浮宫、香榭丽舍大道和凯旋门，属于巴黎的历史还远远不止这些，它千千万万不同的面都在等待你的挖掘。

复古与时尚相交融的玛黑区（Marais）

　　玛黑在法语中意为"沼泽"，顾名思义这里最初是一片荒芜沼地。17世纪时，路易十四在此修建孚日广场后，这片区域逐渐人气鼎旺，豪宅府邸兴建，变成王公贵族所出没的场所。历经几次区域翻修改革后，这块街区侥幸得以保存，加上20世纪70年代法国政府所颁布的马勒侯法令，开始推行古迹保护政策，如今这里依然保留着最古老的巴黎市街风貌。

雨果故居

　　玛黑区位于塞纳河右岸，西出蓬皮杜艺术中心，东至巴士底广场，横跨巴黎第三区和第四区,雨果就曾在这历史悠久的孚日广场附近居住。这位写下《悲惨世界》的大文豪在这儿生活了长达16年,在这方天地留下他日常生活的轨迹;文艺复兴时期风格的巴黎市政厅曾经是好几起历史重大事件的中心地,如今游人如织;曾经的巴士底狱在法国革命时期被彻底拆除,片瓦不存,只留下一座巴士底广场记录往昔。

随着一座座美术馆和博物馆在这里安家落户,越来越多的艺术家和年轻人流连于此:竖着彩旗飘飘的悠闲酒吧、飘着面包香气的蔷薇街犹太餐馆、情调十足的画廊咖啡馆、特立独行的时髦买手店,古老风情与前卫潮流产生了艺术的碰撞,个中感觉妙不可言。漫步在其间的同时,抬头看到临街店铺的招牌也许会感到一丝迷惑:明明店面牌子挂着面包店(boulangerie)字样,抬腿走进去却是一家二手服装店,是自己看花眼还是商家地址错了?其实这是当年保护古迹政策规定之一,玛黑区的建筑门面必须保留不可拆除,才有了如今这样驴唇不对马嘴的有趣一面。

圣马丁运河

除了可以在塞纳河上乘坐游船领略巴黎风光,还可以选择从巴士底广场开航的圣马丁运河游船。19世纪的巴黎城市人口日益增长,日常饮水供应成为一个不可忽视的问题。1802年,拿破仑下令修建了这条运河,一方面为巴黎居民提供淡水资源,另一方面用于缓解塞纳河的轮船运输压力。如今它的功能性逐渐被娱乐性所取代,变成了当地人的休憩之所。

运河沿岸林荫蔽日,两畔的咖啡馆、餐馆林立,许多巴黎人愿意在这里点一杯咖啡,坐一下午聊天消磨时光,交谈甚欢;年轻人偏爱坐在河边弹起吉他,琴声悦耳,大家东倒西歪凑在一起沐浴慵懒阳光;路人牵着狗悠悠散步,侧头含笑致意,场面充满了生活气息。比起喧嚣繁华的塞纳河,这里更像是一些巴黎人逃离现实的秘密基地。法国文艺电影《天使爱美丽》也在此取过景,充满灵气的艾米丽蹲在这儿打水漂的画面为这条圣马丁运河添上趣味的一笔。

考古与生物爱好者的天堂——国家自然历史博物馆（Musée de l'Histoire Naturelle）

充满人文气息的巴黎被戏谑每走三步就能瞥见一个博物馆，罗浮宫、奥赛博物馆是大家口中的集大成者代表，但除此之外，巴黎还有许多值得前往的博物馆，它们也缩印了历史的瞬间，汇聚了人类的文化精粹。

大演化馆

距离巴黎圣母院不远处的巴黎植物园中，"隐藏"着一座国家自然历史博物馆。它汇聚了动物园、植物园、大演化馆、古生物学与比较解剖学馆、矿物学与地质学馆，占地面积广阔。同时，它也是法国历史悠久、规模宏大的博物馆，许多博物馆大拿例如居维叶、拉马克都曾在此工作。

最惹人注目的莫过于它的大演化馆，经历了1889年开馆、1965年因战火影响展品受损宣布闭馆的阶段后，在1994年重新向公众开放。一踏进馆门，就会被一具须鲸骨架和巨型鲨鱼标本所吸引，整个场馆围绕地球生命演化及生物多样性展开，与时俱进地点出人类活动对环境的大影响。在这里不同物种跨越了海陆空的界限，分层陈列，开放聚集于此。场馆中央以"挪亚方舟"为主题做成了朝向一个方向前进的动物迁徙群体模型，蔚为壮观。最巧妙的是博物馆内的室内灯光并不是一成不变的，大厅上空会随着时间推移变换光线的强弱，随机交替天气，时而暴雨传来雷声，时而云卷云舒传来鸟鸣，让人身处馆内，心却已然飞向大自然。这样的沉浸式博物馆体验，令人拍案叫绝，舍不得离开。

刺激冷酷神经的巴黎地下墓穴（Catacombs de Paris）

和巴黎浪漫形象形成巨大反差的当属位于巴黎十四区的地下墓穴。它的前身只是个废弃的地下采石场，在18世纪末，一场瘟疫横扫巴黎，死亡人数成倍增加。为了解决墓地严重不足和公共卫生问题，市长下令将市区公墓中的尸骨分批转移至此。隧道长达300千米，工程量浩大。这个地下墓穴后来还曾被用作二战的秘密指挥部和战时避难所，如今被开辟为一个景点，供大家参观其中的一部分。

它的面积虽然庞大，但一天中的每个时间段都会限制参观人数。走下入口狭窄的旋转楼梯,可窥见墓穴的内部。肉眼可见无数的大腿骨被堆砌成墙,碎骨用来填充缝隙,头骨被摆放成不同的形状,总共大约有超过600万具破碎的尸骨整齐堆放在此,有些人骨过于零碎已无法进行完整的匹配。一些石碑上清楚地记载着这一区块的尸骨出处,而一些石壁只是草草写了几句尸骨的来源地,不多赘述。

巴黎地下墓穴

从一排排摆放整齐的尸骨中走过,仿佛能看到当年从事这些繁重任务的教士对亡灵最后的用心。重回到地面的一刻如释重负,感受到活着的幸福,体会到对生命的敬畏。

印象派的宁静殿堂——橘园美术馆(Musée de l'Orangerie)

雷诺阿(1841—1919),
法国印象派画家

橘园美术馆最早修缮于16世纪,其前身是一座堡垒。经过14世纪皇家园林大师的设计修缮后,化身为现今的艺术殿堂。它坐落于罗浮宫边的杜乐丽花园边,出门便是香榭丽舍大道,转头即可看见塞纳河。若从罗浮宫中走出,顺道探进杜乐丽花园,一定不能错过这家建筑外表低调的美术馆。除了莫奈的《睡莲》系列在此大放光彩之外,馆内还存有其他印象派画家例如塞尚、雷诺阿、高更的作品,大大满足了印象派爱好者的精神需求。

馆内雷诺阿的作品悬挂在深海蓝色的墙上,在长长的走廊上被排成一列:他的画中记录着真实的生活,画里能感受到光与影交合的细腻与温柔,像一团棉絮一般柔软,且色彩明快。从雷诺阿的心血中,我们可以感受到满满的活力和柔软的女性魅力,仿佛画中的阳光就这样撒落到头顶一样让人心情愉悦。

莫奈《睡莲》展厅

橘园美术馆的镇馆之宝便是莫奈的《睡莲》系列，位于美术馆一楼，四面环绕的睡莲组画是他在吉维尼生活时期的作品。1918年11月11日停战日次日，莫奈将这系列画作捐给了橘园美术馆，希望借此抚慰战后人们的内心，在这里收获心灵上的宁静。

许多时候前来参观的游客就坐在长凳上，静静凝望着前方的画作，感受时光的流逝。有些人仰头不禁感叹这艺术带来的心灵震撼，有些人双手撑着凳子怔怔出神，偶尔出现几个美术专业的学生，头戴耳机手持画板，临摹着那几幅云影交映、波光粼粼、画面没有天际的睡莲，仿若无人般沉浸在自己的世界中。

来巴黎旅游，注意了！

巴黎被划分为20个区，以西岱岛为中心，从内到外呈螺旋形变幻，这样的行政规划被法国人诙谐地比喻为"巴黎蜗牛"。

如何在这只"蜗牛"中安居呢？值得提醒的是巴黎北面的18区、19区、20区和邻近巴黎的93省治安名声相对较差，选择住宿地址时要留意酒店所在区域，避免不必要的损失。

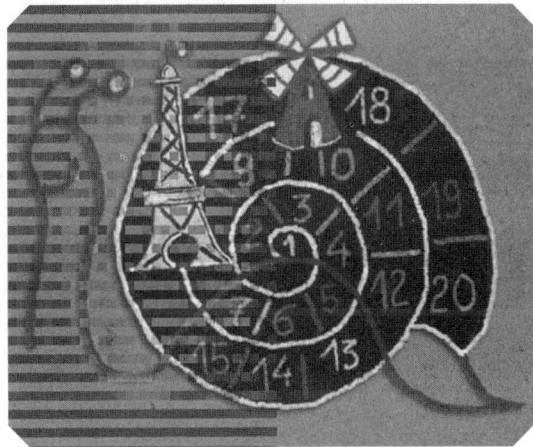

如同"蜗牛"的巴黎行政区

身上不需要携带大量现金，巴黎的许多大型商场及商铺支持支付宝、微信支付，可以携带金额较小的零钱，100欧元以上的纸币若不是购买奢侈品，很难花出去。

进出电梯时要留意电梯按钮，欧洲的楼层从0开始计数，国内的1层是这里的0层。

法国的地铁没有安检措施，刷卡检票后就可直接进，巴黎部分地铁线较为老旧，地铁上下站没有感应装置，都需要自己动手开门。一旦进入地铁，手机的信号也相对较差，需要及时查询好下一步的路线。乘坐公共交通时要记得检票刷卡，若被临时上车的检票员查到没有买票，将会被处以大于原票价几十倍的罚款，得不偿失。

相关法语词汇

voyage *n.m.* [vwajaʒ] 旅行;旅程;旅途

法:Je vais écrire un roman sur mon voyage en France.

英:I'm going to write a novel about my travel in France.

中:我要把我在法国的旅游经历写成一本小说。

touriste *n.* [turist] 旅游者;观光者

法:Quand vient la belle saison , les touristes arrivent.

英:When the beautiful season comes , the tourists come.

中:美好的季节一到,游客们就都来了。

Vacances *n. f. pl* [vakɑ̃s] 假期;休假

法:Je suis partie en France pendant les vacances.

英:I went to France on holiday.

中:我假期去了法国。

🗼 4.2 为之动容的城市风景线 Le paysage en ville

当问到"法国有哪些值得一看的城市"时，第一个被提到的一定是巴黎。它充满魅力、风情万种、诗意浪漫，这些都是不可否认的。但除了巴黎，难道就没有别的法国城市让人印象深刻吗？

答案是当然有！在法国的其他地区，不乏具有地方特色、历史悠久的文化名城，它们所洋溢的生活气息给人带来的直观感受与巴黎截然不同，可以从中窥探到法国各地文化历史的不同面，值得让人细细品味。

冬日也熠熠放光的里昂（Lyon）

位于法国东南部的里昂常被人们认为是法国第二大城市，它曾经是法国的丝绸之都，如今是除了巴黎之外的法国第二大科教中心和重要工业城市。大家所熟知的《小王子》作者安托万·德圣埃克絮佩里就出生于此地，许多国际留学生也会将此地作为法语学习的第一站。

里昂分为新城和老城，老城区在旧时只是个渔村，现今保留着15—17世纪的风格，被联合国教科文组织列为世界文化遗产。古城街道两旁林立着哥特式、文艺复兴式的建筑，斑驳带着色彩的外墙诉说着悠久的历史和过去的辉煌。走在充满沧桑感历史气息的狭窄石板小路上，时不时还会看到留存至今的古罗马时期遗迹。

每年12月初，一年一度持续4天的里昂灯光节（Fête des Lumières）最负盛名，吸引各国游人相继前来。它的来源说法不一，最被人所知的是在1643年，里昂整个地区被笼罩在瘟疫的白色恐怖之下，人们向圣母玛利亚祈祷，希望能在此疫情中逃过一劫。瘟疫消失后，

里昂灯光节海报

人们为了感谢圣母玛利亚，每年12月初在家家户户的窗台外点燃蜡烛，营造出满街的烛光暗影以示纪念。

后来的里昂政府利用这个传说下了巧思,在公共建筑中设计别具一格的灯光效果来增加这个节日的气氛。现今里昂的灯光节被誉为世界三大灯光节之一,届时全城的建筑物、公园、广场甚至河流都会成为灯光艺术家的艺术灵感,变成作品的画布。当夜晚降临,大家纷纷簇拥在人群中抬头期待这一场仪式的开始:光影与建筑相结合,随着音乐的节奏不断变幻,整个城市被绚烂的灯光艺术所装扮。放眼望去,所到之处都是流光溢彩的曼妙世界。灯光将整座城市映衬得如同不夜城,犹如进入了奇幻梦境,在充满魔力和诗意之间被撩动心弦,让人直捂胸口喊救命:太美妙啦!

属于马赛的夏日序曲(Marseille)

马赛常年和里昂争执着一个问题——到底谁才是法国的第二大城市?双方各执一词,争执激烈。第二大城市尚未有最终正式的定论,但是马赛位于地中海门户的地理优势,决定了它一定是法国最大的商业港口。

马赛伊夫堡

初到马赛,你会发现马赛与别的城市最大的区别:市中心四处聚集着吉普赛人、阿拉伯人、黑人或是别处的移民,他们扎堆凑在一起抽烟聊天,走在路上偶尔会收到出其不意的招呼,眼神热情地将你从头打量到脚……这也许就是属于马赛人民的狂放不羁吧。

马赛无疑具有吸引人的野性美,站在马赛的海滩,远眺海平面能看到一座灰蒙蒙的小岛,这就是鼎鼎大名的伊夫岛。它曾经是一座无人居住的小岛,当年的国王为了关押新教徒和政治犯,下令在此建起一座堡垒用于禁锢囚犯。而它真正走出国门、扬名世界的是1844年大仲马写出的《基督山伯爵》,让它不再是那座马赛边上平平无奇的岛屿。

马赛峡湾

1890年,岛上监狱正式对外开放,全世界的书迷开始涌向这个小岛朝圣。伊夫堡为了满足大家的心愿,还专门找了一间囚室标注邓蒂斯的牢房,挖出了小说描述的那条密道,荧幕自动播放《基督山伯爵》的黑白电影片段，给这座监狱莫名增添了瘆人的氛围。

小岛四周风高浪急，内部监狱潮湿阴暗，生活条件艰难。据说真实情况中，能活着出去的囚犯少之又少，生还概率不大。难怪有人开玩笑《基督山伯爵》的爱德蒙·邓蒂斯还是练就一身金钟罩铁布衫功夫，带有主角光环——命硬啊！

因为特殊的地质原因，马赛拥有一条长达20千米的天然灰白色岩石峡湾群。这是属于马赛夏天最迷人最耀眼的自然风光，可以说"不到峡湾就等于没有来过马赛"。海水蓝绿交加，在蓝天白云映衬下清澈透明，徒步于此的游客放下背包，脱下罩衫，迫不及待跳进海水嬉戏潜水。深浅不一的海水、宁静迷人的小岛，组成了马赛特有的"马赛蓝"，森林、悬崖、海边交织在一起的马赛夏天，哪里还有不满足？

属于马赛的著名菜式——马赛鱼汤（bouillbaisse），号称世界三大名汤，在《哈利波特与火焰杯》中也提到霍格沃茨用这道鱼汤来招待远道而来的布斯巴顿的学生们。说是鱼汤，以前就是渔民将品相不好卖不掉的鱼虾一锅大乱炖。若觉得鱼汤腥味太大，可以拿涂上蛋黄酱、洒上奶酪丝的面包干蘸着吃来掩盖腥味，若加上生蒜，口感就更加

马赛鱼汤

刺激了。艳阳天下从峡湾徒步潜水游泳归来，日落余晖回到旧港，单点一份鱼汤再加份其他方式烹制的烤鱼，配上酱汁鲜美无比，这种属于马赛的幸福感一百分！

流淌着葡萄汁血液的波尔多（Bordeaux）

波尔多这座西南城市，常常在红酒品鉴交谈中被频繁提及。"红酒之城"，这是许多中国人对它的初印象。它不仅仅是一座生产红酒的法国城市，更是葡萄酒产区中的佼佼者。作为世界葡萄酒的中心，波尔多气候常年温暖湿润、阳光眷顾，非常适合葡萄的培育生长，因此坐拥上万葡萄酒庄。我们所知法国的红酒等级分为四档，在波尔多还有属于它特有的制度：最高档的法定产区葡萄酒中还有GCC（Grand Cru Classé）和CB（Cru Bour-

波尔多葡萄酒博物馆

geois)两大类,如今被国内耳熟能详的五大名庄:拉菲、玛歌、拉图、奥比昂、木桐酒庄皆属前列。

来到波尔多,就会被带入领略酒庄风光的天地,毕竟选择来此地的人都会被当地的葡萄酒吸引。市中心专门建造了一座葡萄酒博物馆来普及波尔多葡萄酒知识,宣传波尔多葡萄酒文化。各种主题设计有趣生动,添加的互动元素很容易让人参与其中,比如对于如何分辨葡萄酒的颜色,博物馆将深浅不一的色度陈列在一起让人同时辨别;走进立体影像空间,和历史上的名人如伏尔泰、拿破仑、丘吉尔这些葡萄酒狂热爱好者"齐聚一堂"分享对葡萄酒的感受,探讨争辩哪个地方的葡萄酒最优;当然也可以去参加一场红酒品鉴课,让当地的葡萄酒达人传授怎么在朋友面前一展葡萄酒品鉴天分。

波尔多阿卡隆大沙丘

临近秋天的波尔多更是丰收的季节,各大葡萄园进入繁忙采摘时段。金黄的落叶铺满小道,午后斑驳的光影落在酒庄酿酒室的墙上,让人忍不住想闭眼享受这片刻的宁静。

除了葡萄酒享誉世界,波尔多的周边还有一片大沙丘惹人心痒前往。大西洋的西风不断将沙子吹上岸边,最终形成这一块欧洲最大的沙丘。沙丘的布局巧妙,一侧是茂密森林,一侧是湛蓝海洋,让人忍不住赞叹大自然的鬼斧神工。不少法国人来到波尔多也会顺道来玩滑翔伞,翩翩起飞环绕在这块奇幻美景之上,体会高空的快乐。

波尔多这座城市蕴藏着令人惊叹的宝藏,就像法语的发音一样美妙,舌尖上滚动的不仅是葡萄酒的醇厚和爆破葡萄汁的甜美,更是对波尔多悠久历史的独特情怀。

在法国搭乘火车

法国国家铁路公司(SNCF, Société nationale des chemins de fer français),是法国最大的国营公司之一,在法国各个城市火车出行都需要在SNCF网站或是线下火车站购买车票。法国火车分为TGV, TER, Intercite 和 Ouigo 这几种型号:TGV速度最快、座椅较为舒适,类似我国的高铁;Ouigo属于高铁的"低配"版,票价略低;TER为法国大区内通行的列车,票面上没有座位号,可以在固定车厢内随意落座;Intercite停站次数较多,速度慢但价格便宜，像我国慢悠悠的绿皮火车。

　　法国国内的火车站并不设置安检措施和身份核验，自助检票后即可上车。因此经常会在车站播报火车马上出发时，门口出现拖着行李一路狂奔并对周边旅客低声喊抱歉的法国人，让路人目送他们一路冲向站台。火车

法国国家铁路公司

和地铁一样，也会遇到检票员，若没有及时在车站的黄色自助检票机上"滴"一声，会遭遇高于原价好几倍的罚款。

　　欧洲铁路网路发达，大部分欧洲国家之间都可以通过火车来往，边境互通便捷。说走就走的旅行，只需要准备好护照或身份卡即可。法国的火车票和我国最大的区别是采取票价浮动制，通常来说越早买票价越便宜，当天买价格最为昂贵。特别是到了旅游旺季，法国人就会早早制订好旅游计划，先下手为强。

相关法语词汇

ville *n.f.* [vil] 城市；都市

法：Dans cette ville, tout est nouveau pour moi.

英：In this city, everything is new to me.

中：在这座城市里，一切对我而言都是新鲜的。

paysage *n. m.* [peizaʒ] 风景；景色；景致；风光

法：Le paysage défile aux fenêtres du train.

英：The scenery is constantly showing out of the train window.

中：风景一幕幕不断地展现在列车的窗外。

magnifique *adj.* [maɲifik] 壮丽的；宏伟的；极美的；出色的

法：C'est une ville toute petite, mais magnifique.

英：It's a small city, but it's beautiful.

中：这是个很小的城市，不过美极了。

4.3　法式乡村生活 Le paysage à la campagne

乡村是法国人偏爱的夏季消暑之地,不少家庭会在七八月的假期,倾巢出动前往这些迷人的小乡村享受阳光。正如一部让·雷诺主演的法国影片《普罗旺斯的夏天》中所展现的画面一般,南法的山野明澈,僻静安宁,连绵不断的草地山坡丝毫不比瑞士风光逊色。

流落南部的自由城(Villefranche)

Conflent 自由城

许多可追溯至中世纪时代的村庄都能在法国南部寻觅到踪影,它们低调到不曾出现在游览指南里,但若真正畅游其中,自带有一番风味。它们以 villefranche 为名在路上作为路牌标识,翻译成中文即"自由城"。这是一个起源于中世纪的常见法语词根,当时的法国实行严格的户籍制度,居民被庄园主所控制。由于人口爆炸,庄园主修建了新城,迁移至新城的居民可以自由行走,便称呼为这样的城为"自由城",如今带着这个词根的地名大多分布于法国南部。

位于东比利牛斯省的 Villefranche De Conflent 就是这样一个自由小城,它被评选为"法国最美乡村"之一,历史上它曾是加泰罗尼亚沃邦城,至今保存着较好的防御工事遗址及较为完整的历史遗迹。

这座村落矗立着一座被登记在联合国教科文组织遗产名册上的旧时堡垒,通过799级台阶进入堡垒内部,里面还保存着当年的监狱、教堂、烤面包房……若沿着阶梯往上爬,在堡垒顶端就看到天空中的云朵忽远忽近,仿佛伸手就能触及。

这里还是著名的塞尔达尼火车路线的起点站,黄色小火车(train jaune)外表点缀着经典的加泰罗尼亚色彩。法国人喜欢坐这辆小黄火车，在63千米总长且海拔落差较大的比利牛斯山脉间穿行，看着满山的繁花和春光。黄色车厢中部还有一截别出心裁的露天车厢，在不断穿越美丽的山地景观的行驶过程中，可自由地探身与路人招手示意，氛围一派欢乐。

经典的"黄色小火车"车站

法国人常常会在周末来临之际举家背包带着三明治来这里郊游。这种看似静谧无人的村子，藏着许多旅游美食软件推荐的餐厅。在工作日的午后，整条街道都见不到几个人影，路上只会偶遇一只小猫窜出又紧接着一溜烟消失在街角。路边咖啡店的老板是花白头发的大叔，抽着烟在阳光下看报纸，三三两两的法国人在这里啜饮咖啡，看书

静谧的法国乡村风光

小憩。金色的阳光默不作声地洒进村落，落在屋檐瓦片上，落在树枝落叶的间隙里，落在街道小店墙上的铁艺招牌缝隙中。餐厅门外挂着摇晃的破旧风铃声，红色树叶一摇一晃和阳光捉迷藏。这样生活悠然的中世纪乡村在法国南部不止一处，一些附近城市的上班族经常选择在周末逃离繁华喧闹生活，在这些时间都放慢脚步的乡村中放空自己，享受独处的时光。

中世纪骑士之城——卡尔卡松（Carcassonne）

在南部，拥有中世纪历史的卡尔卡松城堡相对声名更为响亮。卡尔卡松是法国南部的一座小城，而卡尔卡松城堡位于该市奥德河右岸的高地之上。作为一座中世纪要塞，卡尔卡松在古罗马时代就已建成，历经罗马人、阿拉伯人和十字军的各种占领，距现在已有2600多年的历史。12世纪是这座地中海小公国都城的发展巅峰，随着当时君主对边防的重视，开始不断增兵修城，加固边防，逐渐形成了外有双城墙、护城河，内设街道、住宅、教

卡尔卡松城堡

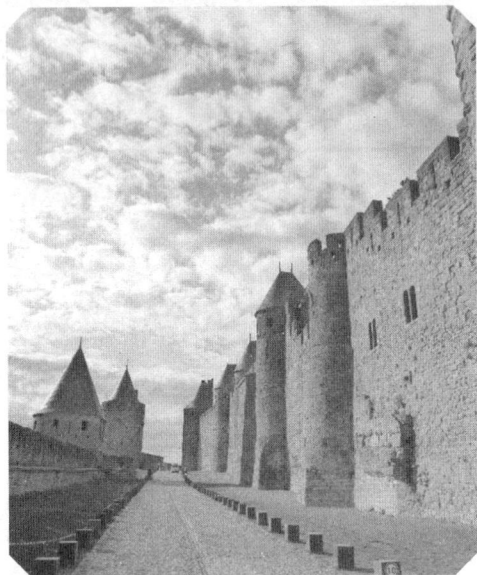
经过修复后的城墙外貌

堂等建筑的防御性城堡。堡内街道纵横,房屋鳞次栉比,展现出一派生活富足的繁荣景象,吸引了不少吟游诗人聚集在此创作,促进了地中海文化的繁荣。

这座典型的中世纪欧洲城堡留存到现在,历经了漫长的岁月侵袭,一度损坏严重。19世纪中叶,隶属于法国文化部的宗教艺术与建筑委员会开始着手推动古堡的保护工作,经过一系列拯救和修复措施,总算维持住了卡尔卡松城堡曾经的面貌。

狭窄的街道上排列着有浓浓中世纪风格的打铁铺、面包房、裁缝铺,城堡中共有53座塔楼,在塔楼内部陈列了一些历史遗迹,讲述了城堡的前世今生。固若金汤的两道城墙防御,是通过无数骑士、弓箭手和剑客血洒于此的努力换来的,大大小小无数的战役成就了这座当时的巨型城市的辉煌。这座散发着沧桑气息的传奇石头城,虽曾经地处偏僻,远离尘世,如今也回归平和的生活景象,透过历史的面纱让世人所熟悉。

不曾被时光遗忘的吉维尼(Giverny)

法国人的乡村生活,艺术家们纷纷"表示"也有资格发言,毕竟许多著名画家都喜欢在山野之间寻找灵感:毕加索曾在南法村镇安提贝旅居,在画作上留下不少属于南法的印记;马蒂斯曾在滨海小镇科利乌尔短期停留,用热烈的颜色描绘当地温柔的美景;莫奈曾在避世隐居之时对绘画倾注极大的热情,画下一系列扬名世界的《睡莲》。

也许会有人在欣赏莫奈一生画的近百幅《睡莲》时不禁好奇,他画的是哪里的睡莲呢?

故事要从19世纪末开始说起——

1895年,一名年轻的画家坐火车经过法国西海岸诺曼底的一个小镇,他被这个烂漫花丛中的宁静村庄所吸引,回巴黎后便举家搬迁到这个叫作吉维尼的小镇。这位画家就是克劳德·莫奈。

在莫奈的一生中，有大半的时间都在吉维尼小镇度过。当声名大噪，画作价格一路上涨后，莫奈终于有能力买下一栋当地的小别墅，将其边上的果园改造成了一片属于他的花园。

莫奈有着浓重的日本文化情结，在他的作品中也不难看出掺杂着日系浮世绘元素。他从花草商手中购入了许多日本品种的花草在此种植，并雇用了四五个花农为其打理这座花园。

克劳德·莫奈（1840—1926），
法国印象派代表画家

这座花园妙在哪里呢？一年四季都有恰逢其时的鲜花，让这座花园永不衰败，不会有冬天凋零之感。建成花园后，莫奈又买了一块地建起了水园和日本桥，在水园中种植了大量的睡莲，在后期作品中频繁出现的睡莲就来自于此。

推开莫奈故居的大门，像推开了属于他那个时期的旧时光，明亮的黄色铺满整个居室，清新的蓝色装饰了厨房，这里至今保留着当年招待罗丹的菜单。这幢别墅的每一间房都有一面朝着空旷湛蓝的天空和满池睡莲的窗户，毕竟养花和作画，是莫奈一生中最热衷的两件事。在这几十年远离巴黎的隐居生活中，他莳花弄草，甘于寂寞，将一腔热情全心全意倾注于创作中。吉维尼小镇除了来去匆匆参观莫奈花园的游客之外，窄窄的小道中鲜有路人。低矮的房舍窗台点缀着当季的鲜花，阳光在墙上蔓延的藤蔓上颤动，路边怒放的铃兰随微风摇曳，隔壁房屋的小门轻启，写

莫奈的花园一角

种满睡莲的莫奈水园

莫奈故居

着"营业"两字的牌子斜斜挂在窗外,喵喵叫的猫眼睛眯成一条线在门口打盹,带着贝雷帽的大叔在自家院子里修车,每个角落都充满了诗意,宛如一幅印象派的风景画。1926年,86岁高龄的莫奈怀着对吉维尼隐士生活的不舍,最终与家人一起被安葬在位于小山坡上的教堂边。

整座村镇像一幅色彩浓重的油画格外安详,墙边斑驳的棱角暗示着它悠久的历史,路边小屋门上新刷的墨绿色油漆映衬着长高的树丛,抬头看见云朵走走停停捉弄路上的行人。悄无声息地于此留下的,是莫奈在这里度过的43年乡村岁月。

法国最美乡村评选

不少法国人认为,比起浮华光鲜的大都市,法国的小乡村更能代表法国的灵魂。但随着经济社会的不断发展,不少村中的年轻劳动力离开村庄,去大城市谋求新的发展,导致村庄人口老龄化愈发严重,人口流逝也造成生产力的衰竭,丧失了村庄原有的活力。

法国为了保护这些具有历史意义的乡村,使其不再"荒无人烟"并重新焕发活力,特地在1981年发起了"法国最美乡村(Les Plus Beaux Villages de France)"项目,旨在让这些法国乡村能够更好地得以留存和发展。

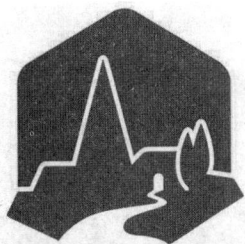

Les Plus
Beaux Villages
de France®

"法国最美村庄"项目

入围这个项目的标准十分严苛,会以不少于30项的标准来评定入围法国最美村庄的候选村庄资格。其中这最重要的三项会根据案卷进行筛选:

1. 这个村庄最多有不超过2000人的村民。

2. 在村庄内至少拥有两个历史保护遗迹、遗址。

3. 必须是由全体村民集体提议来上报最美村庄评选。

除此之外,还会在村庄现场评估剩下的27项标准,从各个方面评定村庄的质量。在所有提交申请的候选村庄中,平均只有20%的村庄能够被接受承认，从而保证了这个项目的可信度。

截至2020年，全法已有159个村庄入选其中，足见法国人对其本土乡村风景、文化古迹、丰富特产的努力推动与建设，同时在物质经济飞速发展的今天，通过保留这些历经岁月流逝但不能被遗忘的历史文化，来表达法国人对这片土地最朴素的热爱。

相关法语词汇

campagne *n.f.* [kɑ̃paɲ] 农村；乡村；乡下；原野

法：Un dimanche matin，nous sommes partis à la campagne.

英：One Sunday morning，we set out for the countryside.

中：一个周六上午，我们出发去乡下。

histoire *n.f.* [istwar] 历史；历史学；历史事件

法：Ce château a une longue histoire.

英：This castle has a long history.

中：这座城堡有着悠久的历史。

profiter *v. t. indir.* [prɔfite] 利用

　　　　de 利用；自…得益

法：Elle profite vraiment bien de ses vacances d'été !

英：She really enjoyed the summer vacation!

中：她真的很享受暑假！

Chapitre 5

法国人的文化狂欢
Les festivals en France

5.1　夏日音乐节嗨翻天 La fête de la musique

夏至(6月21日或22日)这天，太阳直射北回归线，是从地理角度上来说一年中白昼最长的一天。这一天的法国，大街小巷人头攒动，一片沸腾：上一条街的街尾刚传来爵士乐的低沉音律，下一个路口就听到手风琴的婉转悠扬，走到河岸边还会看到各路行人兴致盎然地围观一场即兴的小型音乐现场，时不时带来阵阵喝彩。初到法国的人可能会疑惑到底发生了什么，法国人会欢欣雀跃地回答——备受大家欢迎的夏日音乐节来了！

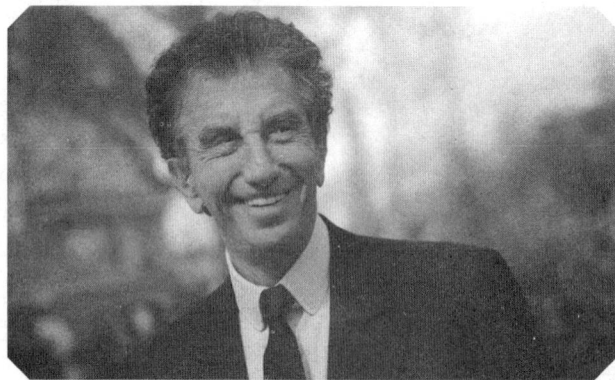

时任法国文化部长杰克·朗

作为夏季庆典三巨头之一，法国音乐节最早由在法国电台工作的美国人乔尔·科恩提出：将这一天作为无国界音乐人的狂欢日，让热爱音乐的同道中人可以有对公众演出的机会。他的好友法国舞蹈音乐总监莫里斯·福乐雷一听认为这点子不错，于是跑去和当时新官上任三把火的法国文化部长杰克·朗提议了在这仲夏之夜举办全民参与狂欢的音乐节构想。

为了进一步了解全法国人的音乐普及程度，他们下发了一份调查问卷，研究后得出在法国大约有超过500万的人都会演奏至少一种乐器，其中每两个年轻人中就有一个能玩转乐器。这个报告结果让人振奋，为了让那些终日蒙尘昏睡在地下室、最终结局是被丢弃的乐器苏醒并获得新生,再一次弹出动人的心弦,焕发蓬勃的活力,于是在1981年,法国的音乐节诞生了!

夏至日通常被人们赋予有自然丰收祭典的含义,在这一天举办音乐节也是另一种庆祝夏季开始的形式。在这一天,无论你是职业音乐家还是业余音乐爱好者,不管你是一个团体还是一个人,只要热爱音乐,就可以拿上乐器走

夏至音乐节现场

出大门,不再被时间和场地所限制,在这场音符的海洋中一展才华,用音乐愉悦自己。

杰克·朗为音乐节提出了一句同音口号"Faites de la musique",意为奏响音乐吧!这句标语极大加快了法国音乐节的流行与传播速度,同时政府对表演场地也给予特殊优待:不仅为艺术家们提供免费场地支持,也欢迎热爱音乐的人们免费观看。为了给音乐和歌曲狂热者的聚会带来更多的乐趣,法国音乐作者作曲者与出版商协会(SACEM,Société des Auteurs,Compositeurs et Éditeurs de Musique)表示在这一天,每个上台热爱音乐的人都可以唱自己想唱的歌曲,提供无条件的版权支持。

当日在巴黎市区内举办的音乐节大大小小就不止几十场,地铁、公交等公共交通甚至会为此音乐盛事封道限行。正如当时莫里斯·福乐雷提议所倡导的那样,让音乐无处不在,无论在哪都会有音乐——人们走进咖啡馆点杯饮品,坐着享受一曲接着一曲的香颂;抑或穿着拖鞋短裤,懒懒散散地躺在公园长椅上,沐浴着阳光,听着耳畔传来的悠扬歌声;也不乏有人精心打扮,浓妆艳抹一番前往最嗨的露天大舞台前,在活力四射的音乐氛围中尽情摇摆,整晚跟着音乐不眠不休。

音乐节不受场地的限制

虽然音乐节只有夏至日这一天,但实则音乐在法国人的生活中占据了每一天。音乐对于法国人来说,跨越了不同语言和文字之间的国界,深深扎根在他们灵魂的沃土中,是生命中不可缺失的一环。在上班族身影来去匆

在桥边也会有动人的音乐

里昂夏至音乐节海报

忙的城市地铁口,穿着朴素但洋溢着笑容的艺术家自顾自倚靠着墙角演奏乐曲,放慢了日常急促的生活节奏;在恋人伴侣牵手漫步的塞纳河桥边,转头看见戴着鸭舌帽的艺术家漫不经心地吟唱动人小调,平添了一丝莫名的浪漫情调。在法国人看来,音乐绽放着夺目耀眼的光芒,具有抚慰人心的力量,它是一种打破社会隔阂与文化差异的存在。

随着法国音乐节的影响力越来越大,这个受到大众欢迎,让全民沸腾的节日在1985年起开始向全世界大力宣传和推广。如今在全球五大洲,上百个城市都在夏至日这天变成了法国音乐节的分会场。各路音乐爱好者同时走上街头,从古典音乐到流行音乐,从民族音乐到摇滚音乐,艺术家们用感染人心的表现能力贡献风格迥异的音乐现场。这个节日的意义不仅是在分享音乐,同时也变成了一个大型的国际文化交流庆典。

2006年,法国音乐节来到了中国,首次在武汉设立了分会场,打开了两国民间音乐艺术家之间交流的大门,如今在上海、郑州等其他中国城市也有了它的身影。音乐是流动的,是真实声音的释放,它不仅给各地人民带来了快乐,还为全世界不同文化架起了沟通的桥梁。

法国摇滚乐,易燃易爆炸

大家都知道,摇滚起源于20世纪40年代末期的美国。在很多人心里,法国总是和优雅温柔的香颂联系在一起,很难想象法国会有热血硬核的摇滚乐队。

虽然法国的摇滚乐起源晚于美国,但第二次世界大战后全面复苏的大环境,让法国的年轻文化占据主导地位;随后蔓延而来的全球经济萧条大时期让朋克乐抬头,也给了法国摇滚走入大众视野的机会,法国摇滚乐就此开始发展,形成特色。逐步地,法国也拥有不少摇滚、黑金、电子乐队让人为之疯狂。

Téléphone:法国电话乐队,成立于1976年。前身为Semolina乐队,加入两名新成员后更名为Téléphone,他们足足闪耀了20世纪70年代末到80年代!它被公认为是法国摇滚乐的先驱,把美式摇滚和法国香颂、雷鬼及电子相结合,抓住了那个时代的激情,是法国最具有影响力的乐队之一,是当时法国年轻人最崇拜的组合。在乐队"营业"期间,唱片销量超过600万张,虽然乐队之后解散了,但它的主唱和吉他手依然活跃在法国音乐界。

Téléphone 乐队

Phoenix:这是一支组成于1999年的四人乐队,还是一支坚持用英语演唱的法国乐团。他们凭借2009年第四张专辑 *Wolfgang Amadeus Phoenix* 一炮而红,一举拿下格莱美的最佳另类专辑,走红全球。乐队成员性格其实非常安静和害

Phoenix 乐队

羞,但是他们才华横溢,既能写过耳难忘的复古小调、抖腿小曲,也能做出实验感极强的氛围音乐。Phoenix是复古合成器摇滚乐队的代表,法国的国宝级乐队!作为法国最红的国际摇滚乐队之一,它出现在全球各大音乐节现场,在2018年它还曾登上中国北京的格莱美音乐节进行表演。

Noir Désir 乐队

Noir Désir:黑色欲望乐队,成立于1980年法国波尔多。不少人认为它是法国摇滚乐坛的最高成就,也可能是法国摇滚的唯一成就。尤其是在 Téléphone, Starshooter Trust 纷纷没落后, Noir Désir 举起了法兰西现代摇滚大旗。许多才华横溢的乐队都会有戏剧性的消亡结尾,这支乐队的

主唱因入狱获刑引发无数争论，最终乐队解散。但从音乐成就方面评价，他们依然是在法国摇滚乐史上拥有举足轻重地位的乐队。

以后可千万别再说没听过法国摇滚乐队啦，其实法国人民的摇滚精神一直溶于血液之中，当他们不满、感到愤怒时会走上街头，大胆宣泄他们个人的需求和情感。法国的摇滚精神，其实也如同法国社会的缩影一般，这一点我们在现在法国人的日常中都能看见。

想聆听更多关于法国摇滚乐队的故事与歌曲吗?

相关法语词汇（中/英/法对照）

musique *n. f.* [myzik] 音乐；乐曲

法：J'aime aussi bien la musique classique que la musique moderne.

英：I like classical music and modern music.

中：我喜欢古典音乐和现代音乐。

instrument *n.m* [ɛ̃strymɑ̃] 乐器；工具；器具

法：Le violon est un instrument de musique.

英：The violin is an instrument.

中：小提琴是一种乐器。

chanson *n.f.* [ʃɑsɔ̃] 歌曲；歌谣；小调

法：Tu aimes bien les chansons françaises ?

英：Do you like French songs?

中：你喜欢法国歌曲吗?

5.2 世界戏剧人的心之所向——阿维尼翁戏剧节 Le festival d'Avignon

坐火车经过阿维尼翁这个城市时,伴随着广播中的到站提示音,转头瞟见车窗外那些看上去低矮带着泥土颜色的古朴建筑,平淡低调不带一丝鲜艳色彩,你会觉得这不过又是一座南法小城罢了。

但若提到法国夏季普罗旺斯大片的薰衣草田就在这附近,你便会恍然大悟一拍脑袋,感叹一句"原来在这儿!"

说到普罗旺斯的薰衣草,首先要纠正一个问题:普罗旺斯是个城市吗?

常常会有人说普罗旺斯是薰衣草的故乡,让人误以为这是一个城市的名称。事实上,普罗旺斯全称为普罗旺斯－阿尔卑斯－蓝色海岸(Provence-Alpes-Cote d'Azur),属于法国行政规划大区之一,它包含了6个省份:上阿尔卑斯省、上普罗旺斯阿尔卑斯省、滨海阿尔卑斯省、瓦尔省、沃克吕兹省和罗讷河口省。

阿维尼翁就位于普罗旺斯大区的沃克吕兹省境内,是该省的首府。这座南方小城曾是14世纪教皇的居所,从古罗马时代起便是一处繁华之地,也是当时罗马进入西欧的必经之路。城内至今还遗留着当年所筑的城墙,极具罗马时期的风格。由于城内古迹众多,每年法国政府会拨款维护这座历史悠久的古城。

夏季的普罗旺斯薰衣草田

如今城内生活的居民不超过1.5万人,但在每年的暑期,阿维尼翁附近盛开的薰衣草田和向日葵花田吸引着成千上万的游客慕名而来。而在这个时节,阿维尼翁戏剧节也轰轰烈烈拉开了帷幕,往日平淡的小城在这个时候开始怒放张扬,连天空的色彩都变得浓郁起来。

阿维尼翁戏剧节有什么大来头呢？

化身戏剧舞台的露天剧场

1947年，刚经历过第二次世界大战的法国正在努力走出战后的阴影，法国著名戏剧导演让·维拉尔为了推动法国文化艺术的复苏与进一步发展，让越来越多的人能了解戏剧，感知艺术，在阿维尼翁创立了戏剧节，旨在将法国优秀的戏剧汇聚一堂。

每年7月，所有戏剧爱好者的视线就会聚焦在阿维尼翁，这座平日寡淡的中世纪小城瞬间转换成了全世界戏剧迷狂欢的海洋。城中的古建筑们纷纷化身为戏剧舞台，四处搭起露天小剧场，使"传闻"中的高雅艺术走出殿堂，让平民百姓们对其产生新的认知，摆脱了世俗对戏剧传统形象的桎梏，拉近艺术文化与大家之间的距离。

最初的阿维尼翁戏剧节被简单地称呼为"阿维尼翁艺术周"，在为期一周的活动中仅展示了7部戏剧作品，全程只有约4800名观众参与，其中还以本地人居多。随着其世界影响力逐年剧增，引起戏剧界对它的重视，如今的阿维尼翁戏剧节已经与英国爱丁堡戏剧节、德国柏林戏剧并称世界三大戏剧节，每年吸引来自世界各地数十万观众的目光，活动时间持续近1个月，戏剧作品从白天到黑夜接连不断地上映，让人目不暇接。

阿维尼翁戏剧节总体由官方 IN 和民间 OFF 两部分组成，IN 部分入围的戏剧作品皆由法国官方出面邀请前来演出，这是业内对于这部戏剧作品至高无上的褒奖，也被艺术家们视作职业生涯中的一大成就。正因为汇聚了世界顶流的戏剧舞台作品，IN 部分的教皇宫内部剧场门票每年都迅速售罄，极其抢手。

孟京辉执导的《茶馆》在阿维尼翁戏剧节宣传海报

2019年是值得纪念的一年，阿维尼翁戏剧节官方 IN 部分照例汇集了35部来自世界各地的舞台艺术类戏剧作品。众所周知 IN 单元向来以欧洲作品为主，但在这届戏剧节出现了一部惹人注目的中国作品：我国导演孟京辉执导的话剧《茶馆》登上了西方戏剧节的舞台。原来在

2018年，阿维尼翁戏剧节IN部分的节目总监就曾来访我国的乌镇戏剧节，观看《茶馆》首演后对其赞叹有加，力邀其前往阿维尼翁戏剧节。这是阿维尼翁戏剧节70多年历史上第一部入围IN部分的中国作品，同时也是中国当代戏剧史上首次进入阿维尼翁戏剧节主单元

2019年阿维尼翁戏剧节民间OFF单元海报

的代表作，对于中国戏剧发展具有里程碑式的重要意义。

另一边的民间OFF部分诞生于1966年，它与大咖云集、群英荟萃的官方IN部分不同，没有严格意义上的戏剧选拔机制，剧目没有任何主题限制。无论是专业还是非专业的剧组皆可报名，但全部费用由剧组自行承担，这笔费用对于任何一个普通剧组来说都不低廉。2017年戏剧节组委会为了鼓励新一代的艺术家，表示愿意出资补贴报名参加OFF单元且具有一定资格的专业戏剧团，这一政策无疑给热爱舞台艺术的民间剧团带来了好消息。除此之外，还有一种出演方式则更为潇洒，艺术家只要随心，在街道随处角落都可进行表演，吸引观众的目光，满足了热爱戏剧者自由发挥的天性，也不需要任何门票。

除了演出之外，戏剧节主办方还会组织观众与艺术家的见面会：话剧演员们站在舞台上分享即兴创作时的思路和不同的艺术表演形式；戏剧编剧举办相关艺术展览和论坛，近距离和观众交流剧本撰写时的心路历程，探讨关于舞台形式的不同观点，摩擦碰撞出思想的火花，全方位地展现欧洲艺术文化生活中饱满生动的一面。

阿维尼翁老城外，罗纳河静静流淌，森林郁郁葱葱，在7月的阳光下岁月一片静好。

贴满演出剧目单的海报墙

戏剧爱好者走进老城，目光顿时被那些占据了大片街巷砖瓦的五彩纷呈、浓墨渲染的海报所吸引。来自不同国家的各个团队在街头卖力吆喝，递出传单和路人热情地介绍马上开场的新剧，艺人穿着艳丽的服饰即兴开演，和观众俏皮互动，仿佛瞬间乱入一场露天的派对。

阿维尼翁戏剧节演变至今,不仅仅只是当代戏剧的盛宴,这座小城的大门也向街头艺术、木偶戏、哑剧、现代舞蹈敞开,使之变成了夏日最灿烂的艺术大杂烩。对于热爱艺术的人们而言,语言不通并不阻碍交流,肢体的表达更为直接,戏剧更像是一种生活方式,是打开各地文化交融的一扇窗户。

戏剧的迷人魅力

莫里哀(1622—1673),法国喜剧作家、演员、戏剧活动家

戏剧是三大主要文学体裁之一,法国最早出现戏剧是在公元9世纪。法国戏剧主要分为世俗剧和宗教剧两种形式,前者主要表现世俗生活的情趣,后者主要以圣经教义等为主要题材。历史上有许多法国小说被改编成戏剧,例如我们所熟知的莎士比亚代表作《李尔王》《哈姆雷特》都曾被搬上戏剧的舞台向公众演出,变成传承不息的经典作品。有时艺术家们也会借用戏剧的表现形式,抨击时事,借古讽今,达到意想不到的社会舆论效果。

其中17世纪是法国君主专制的全盛时期,从文艺复兴到17世纪末这一阶段,法国戏剧的发展得到质的飞跃,对如今法国戏剧造成了深远的影响。其中最伟大的三位剧作家当属高乃依、拉辛和莫里哀,他们被誉为法国古典主义的代表人物。高乃依创作了古典主义第一部悲剧《熙德》,紧接着拉辛发表了他的代表作之一《费德尔》,对贵族进行了深刻的批判和揭露,虽然高乃依在晚年与拉辛因作品而不和,但两者的剧作都重点关注于理智与情感之间的冲突,为法国古典主义悲剧做出了卓越贡献。而莫里哀在法国古典主义喜剧史上的成就无人可媲美,对法国的戏剧史有着重要的意义。

戏剧、歌剧、话剧三者之间有什么区别?

戏剧是运用动作、舞蹈、语言、音乐来达到叙事目的的一种舞台艺术,通常是由演员扮演角色,在舞台上当众表演故事情节的一种综合艺术,表现形式多样。歌剧是一门来源于西方的舞台表演艺术,是以歌唱加伴以音乐来表达剧情内容并推动剧情发展的一种艺术形式,会配备专门的指挥和交响乐团伴奏,对演员的唱功要求较高。话剧在 19 世纪末 20 世纪初传入中国,这个名词由我国著名戏剧家洪深提出。它的形式以角色之间的对话为主,通过演员之间的对白或演员独白推动剧情的走向,期间会使用较少量的音乐。其实,歌剧、话剧都属于戏剧表演的一种。

相关法语词汇

théâtre *n.m* [teɑtr] 剧院;戏院;露天剧场

法:On va voir une pièce de théâtre ce soir.

英:We are going to see a stage play tonight.

中:我们今晚要看一场话剧。

scénique *a.* [senik] 舞台的;戏剧的

法:Trois départements structurent l'école : arts scéniques; arts plastiques; couture et mode.

英:The school has three departments: stage art, sculptural arts and fashion design.

中:学校设有舞台艺术、雕塑艺术及服装设计三门专业。

artistique *a.* [artistik] 艺术的;艺术创作的;富有艺术性的

法:Son design contemporain raffiné et élégant, est plein de tempérament artistique.

英:Her modern design is exquisite, elegant and full of artistic temperament.

中:她的现代设计精致而优雅,充满了艺术气质。

🗼 5.3 明星扎堆——戛纳电影节 Le festival de Cannes

每到5月中下旬,法国地中海沿岸的一座小城就摇身变成了八卦狗仔、电影媒体和狂热粉丝的聚集地,这里就是举世闻名的国际电影节举办地——戛纳。

戛纳是法国南部的一座沿海小城,阳光斜照,两边道路上高大棕榈树的树影映衬着温柔蔚蓝的大海,这里有数千米的柔软沙滩,是夏日度假者的心仪之地。

早在变成电影节举办地之前,它就曾是欧洲名流贵族喜爱的社交度假场所。19世纪30年代,还是一个阳光明媚小渔村的戛纳,被一位意外滞留此地的英国勋爵发现了其迷人魅力,开始在此兴建自己的豪华别墅。他这番举动惹来了圈内上流社会人士的好奇,他们纷纷前来探寻此地,这个不入流的小渔村猛然成为名人雅士的度假消遣场所。特别是这里特有的冬暖夏凉的地中海气候特质,吸引了不少人在寒冷冬日时节来此小住,逐步带动了这一带滨海城镇的经济发展。如今的戛纳,总是阳光和煦,白色精致的洋房下摇曳着四季不败的花儿,不远处的蔚蓝大海上漂着三两艘风帆,散发着一派典雅迷人的气息。

备受大家关注的戛纳电影节,究竟是什么时候成立的呢?

在20世纪30年代末,最具有影响力的电影节莫过于威尼斯电影节,备受当时电影圈的重视。然而在世界大战之初,意大利法西斯政府与德国纳粹相勾结,掺杂了政治因素的威尼斯电影节变得不再纯粹。为了对抗这股法西斯嚣张气焰"玷污"艺术圈的不良风气并加强法国文化在世界上的影响,1939年法国教育与艺术部部长尚·杰伊选择在风景宜人的戛纳成立国际电影节。但随着第二次世界大战期间战争与政治因素的影响,电影节的筹备经历了坎坷。直至1946年战争平息后,在戛纳大酒店的花园中才再次拉开了开幕典礼的帷幕,法国带着战后新生的喜悦举办了正式意义上的国际电影节,各个带着代表作前来的参与国在欢快的节日气氛中,纷纷载誉而归。

FESTIVAL DE CANNES
戛纳电影节标志

作为欧洲三大国际电影节之一的戛纳电影节设立了诸多奖项:最佳男演员、最佳女演员及最佳导演等一些影片专业奖项,其中最具分量的就是金棕榈奖。棕榈是戛纳的市徽,具有象征意义,用于颁发给经过激烈角逐后胜出的年度最佳影片。历年来获得金棕榈奖的国家以欧美国家为主,例如美国、意大利、法国等。

随着中国电影市场的繁荣发展,我国有不少优秀的男女演员及导演入围戛纳电影节各大奖项,在国际市场及专业导演评审团中获得认可,而在戛纳电影节评委会中也出现越来越多的华人身影。

戛纳电影节的另一重头戏则是走红毯环节,世界知名影星、导演都渴望在众多媒体记者前亮相,宣传自身作品,提高自身的品牌形象。近几年走红毯也变成了明星、名人竞相比美的一个环节,惹来万众期待。红毯时刻

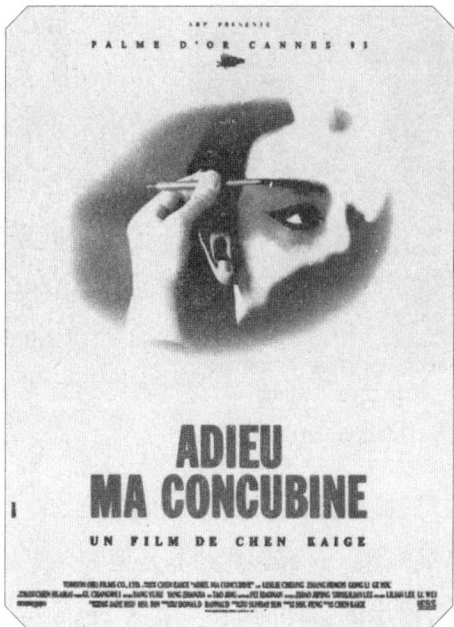

1993年第46届戛纳电影节,
我国导演陈凯歌凭借《霸王别姬》获得金棕榈奖

一到,周围穿着正装的摄影师们早就架起梯子,扛上专业摄影器材对准镜头前的明星们猛拍,红毯前被挤到水泄不通,路人只能踮着脚尖探头张望是哪位大咖到场引起如此之大的轰动。

戛纳电影节不仅仅是电影圈专业人士的聚会,同时也是世界电影迷的狂欢。每到电影周期间,戛纳的海滩就会支棱起电影播放台架,在微风徐徐的夜晚播放老少咸宜的影片,邀请知名的影片人现身和观众们近距离接触,增加观众与电影圈之间的亲密互动。有时也会将影片展览临时改成音乐会的舞台,化身夏日沙滩的派对。除了每届电影节会举办的展览、电影课等常规活动,为了让电影爱好者进一步参与到这个电影盛会中,2018年其组委会举办了"戛纳三日"活动,年龄在18~28岁的热爱电影的青年有机会通过报名申请来获得一张专属通行证,凭借此证可以在3天时间内观看官方单元的评选影片,参加一系列放映活动,极大丰富了影迷流连戛纳的电影节体验。

滨海沿岸的小镇,沐浴着明媚的阳光,沙滩、棕榈、晚风带来的不仅是夏日的慵懒,电影艺术还在这里蔓延出翠绿的常春藤,让世界电影的殿堂熠熠光辉。

你知道哪些法国人心目中的国民演员?

除了国民眼中的"初恋"苏菲·玛索,玛丽昂也是一名被人所熟知的法国女演员。年轻

时她凭借法国喜剧电影《的士速递》出道，紧接着《两小无猜》这部法国文艺电影让她在圈内初露头角，《漫长的婚约》中她的配角戏份不多但演技惊艳，给观众留下深刻印象。最出色的角色之一便是在《玫瑰人生》中饰演法国歌后琵雅芙，奠定了她在世界的知名度。后来她相继出演美国大片《盗梦空间》《蝙蝠侠：黑暗骑士崛起》，成为在美国好莱坞发展得不错的法国演员之一。

玛丽昂·歌迪亚
（Marion Cottiard）

这一位是中国影迷们的荧幕老友，无论是不是法语人，谁没有看过《那个杀手不太冷》？他塑造的冷酷杀手形象深入人心，备受好评。这部影片并非是他和导演吕克·贝松的第一次合作，他出道初期的《碧海蓝天》也颇得观众的喜爱。进军好莱坞后，他不断接下《碟中谍》《达·芬奇密码》等电影，是法国大器晚成却演技稳扎稳打的演员代表。

让·雷诺（Jean Reno）

拥有精致五官的于佩尔，在1977年演绎《编织的女孩》而被观众所认识，该影片获得当年戛纳电影节主竞赛提名。1978年，当时已经成名的伊莎贝拉·于佩尔与新浪潮导演夏布罗尔合作《维奥莱特·诺奇埃尔》，凭借该角色首次获得戛纳电影节最佳女演员奖。如今她不仅斩获两次戛纳国际电影节最佳女主角奖，手握无数项国际性大奖，更是法国非常具有国民度的女演员。

伊莎贝尔·于佩尔
（Isabelle Huppert）

法国电影发展简史

在第二次世界大战结束后，那一代的年轻人思想遭受严重冲击，理想被长期封闭的社会所毁灭。20世纪50年代末，受到美国好莱坞电影的冲击同时伴随着电视行业的兴起，法国电影业日渐趋于僵化，举步维艰。在这个时候，一些年轻人开始在《电影手册》杂志上对当时的法国电影进行猛烈抨击，认为传统模式的电影拍摄风格总是一成不变，缺乏真实感。

这些年轻人中，以戈达尔、特吕弗、夏布罗尔为首，他们不止于抨击，更是转战实战，利用积蓄和四处筹款准备自己动手拍摄电影。这批年轻人反对传统电影的制作模式，着重于捕捉当时真实的生活场面，用现代主义精神去重新定义电影的风格，用多种方式表现镜头中的故事。他们所拍摄的影片充满了主观性和娱乐

电影《四百击》

性，促进了电影拍摄手法的多元化，一度带动现代主义思潮电影在欧美各国的兴起，是电影史上具有非凡意义的一场革命。这场轰轰烈烈的电影运动在电影史上被称为"新浪潮"运动（la Nouvelle Vague）。

1959年，特吕弗以自己童年遭遇为灵感所拍摄的新浪潮代表作《四百击》在戛纳电影节获得最佳导演奖，这无疑是引发新浪潮的一颗炸弹，为后续许多电影作品树立了榜样。

法国新浪潮运动在20世纪60年代末逐步落下帷幕，虽然它的光辉已逝，最初崇拜者的狂热已经消散，但它所造成的影响在后世不可磨灭。通过法国新浪潮，电影人从中发觉电影艺术的制作不应再遵规守旧，需要不断利用革新的技术对未知的电影盲区大胆创新，导演必须懂得将人最直观的感受放置于电影之中，让其成为人类表达思想意识的工具之一。新浪潮运动不仅确立了电影艺术在法国社会文化中的重要地位，还后续迅速蔓延至日本、中国香港等地，形成了世界电影多样化的格局，在电影艺术史上留下浓墨重彩的一笔。

相关法语词汇

acteur, trice *n.* [aktœr, –tris] 演员

法：Cette fille est actrice, elle a joué beaucoup de rôles impressionnants.

英：The girl is an actor, who plays many impressive roles.

中：这个女孩是个演员，她塑造了很多让人印象深刻的角色。

gagner *v. t.* [gaɲe] 挣得；赚得

法：Il a gagné la faveur du public.

英：He won the favor of the public.

中：他赢得了公众的喜爱。

cinéma *n. m.* [sinema] 电影院；电影；电影业

法：Le cinéma est une expérience esthétique collective.

英：Film is a collective aesthetic experiment.

中：电影是一个集体性的美学实验。

5.4　五分钟了解环法自行车赛 Le tour de France

　　法国人和自行车的缘分长久,毕竟世界上第一辆自行车的雏形就是法国人西夫拉克所构思而成。在一个雨天,当时的西夫拉克走在狭窄的小路上,被一辆路过的四轮马车扬起的泥水所溅到,以此得到灵感,在 1791 年设计出了一辆木轮小车,没有脚蹬、链条、手把,这是自行车最原始的样子。

　　从 1903 年起,法国人开始举办第一届环法自行车赛。这场赛事的初衷倒不是完全来自于对竞技体育的热情,而是关乎于种族歧视,是一场围绕两家报社之间的竞争。1894 年,年轻的法国军官阿尔弗雷德·德雷弗斯被诬陷为叛国罪而入狱。1900 年该案得到重审,政府却因其犹太籍的身份并未替他平反。当时的社会舆论分为两派,激化了社会深层矛盾,引发了大规模的争论。

　　支持德雷弗斯的《自行车报》是当时法国最大的体育报纸,在业界具有一定的影响力,而另一派反对德雷弗斯的人民则办起了《汽车报》开始唱起了反调。但毕竟是资历尚浅的报社,脚跟尚未站稳,很快遭遇了销量无法达到预期目标的破产危机。报社的编辑们为此在巴黎召开了紧急会议,商讨如何度过这一段艰难时期。一个从对方阵营挖来的报社记者灵机一动,在会上提出了不如举办一场环法自行车大赛来吸引大众的目光,增加报纸的销量。没想到,这个提议从此改写了法国体育史。

《汽车报》

　　首届环法自行车大赛本来定于当年 5 月举行,但因奖金数目有限,报名人数寥寥无几,《汽车报》报社迫不得已重新修改奖励规则,增加奖励幅度,最终有几十人参与。起初比赛只设置 6 个赛段,有些特殊赛段甚至要骑行至半夜,但这样的体育比赛方式一下子攫取了群众的好奇心,报纸销量直线上升,让报社成功起死回生,变成了如今法国著名的体育媒体之一。

随着一年年环法自行车赛的举办,它的影响逐步扩大至全国,成为全法国人民所津津乐道的体育赛事。如今的赛段已扩展至21个,历经20多天,总赛程平均长达3200千米,在赛程中间还会设置休息日,以便选手及时调整状态。

人们簇拥在公路两边观看赛段状况时,会注意到在比赛最后有些选手身着不同颜色的衣衫,这些颜色蕴含着不同的寓意:总成绩领先者会身着最显眼的黄衫,冲刺积分领先者则会身着绿衫,而爬坡成绩最佳者身着红白波点衫,白色骑行衫会给予25岁以下成绩最好的年轻骑手。

每年一到7月,来自世界各地的参赛选手们纷纷带领各自的车队,摩拳擦掌、信心满满地加入这一场万人瞩目的盛事。除了当地围观群众之外,国外媒体记者也会全程跟踪报道,全球的骑行爱好者们还能通过赛况的同步卫星转播观看一年一度的环法大赛,全民狂欢,乐在其中。

环法自行车赛,真的环绕法国一圈吗?

参加环法自行车大赛的选手们

随着这项赛事知名度的出圈,近几年路线的起点有时也会安排至境外,譬如临近的比利时、英国,拥有比利牛斯山脉和阿尔卑斯山脉地区较为艰难的山路赛段的西班牙、意大利也曾是赛程的一部分。当所有选手出发后,将按照路线环绕法国一圈,最终穿过埃菲尔铁塔,抵达比赛的终点巴黎。

然而确切来说,法国境内这一段的环法自行车赛其实并不是准确地环绕全法来进行。事实上由于种种条件的限制,一碗水端不平,它的路线并不会精心设计到路过法国每个大区。为此每年比赛路线总是引发大家的争议,毕竟谁不想从自家窗户看到浩浩荡荡的自行车队经过呢?若今年南部大区路过的城市多,北部人民就急着跳脚,若明年北部地区变成赛程重点,南部百姓就开始提出抗议。但毕竟不可偏心,若今年没有经过此大区,主办方在下一年一定会着重安排,以平息人们的怨念。

法国人对自行车的热爱延续了上百年,从自行车被发明的那一刻起,它就占据了法国人日常生活中重要的一部分。随着交通工具的逐步升级,在日常生活中的法国人依然格外偏爱自行车,平日上班去学校的路上会纵身骑上它,周末家庭好友去乡间郊游也会出现它的身影。在《天使爱美丽》《小淘气尼古拉》这些法国电影的画面中,都能找到自行车的踪迹,它经常被当作童年的记忆标签,贯穿起其中的剧情,印证法国人对自行车文化演绎到了极致。

为什么日常生活中的法国人也喜欢自行车呢?

法国人一向崇尚环保,大家尊重骑行者、步行者更甚于开豪车的出行者。即使在狭小的市区内,骑行者一样可以潇洒穿行,在红绿灯面前还享有绝对的优先权。

在法国人眼中,骑自行车并不是一种普通的出行方式,更是一种运动锻炼。法国的自行车基础交通设施建设相对完善,大小城市之间拥有"自行车专属通道",巴

街头的共享自行车

黎政府也曾为了自行车骑行者印制专门的自行车地图。对于他们来说,骑行法国,不仅节能环保,还能锻炼身体保持愉快的心情,何乐而不为呢?

热爱运动的法国人

法国运动员不俗的成绩和国家成功举办世界级体育赛事的经历让法国成为世界体育强国,同时也促进了法国体育运动的深度发展。

时间回到2018年7月15日,世界杯决赛当晚,法国时隔20年后捧起大力神杯,引起国民激昂热情的欢呼。"10个法国人中有9个会踢足球",这是法国人常常挂在嘴边的一句玩

法国的滚铁球运动

笑话,法国足球的实力也是让他们引以为傲的一件事。在法国,足球普及率及民众的热爱程度绝对不亚于巴西这样的足球国度。统计数据表明,国民人口为6000多万人的法国,平日里有近2000万人踢足球,在法国足协注册的足球运动员有将近300万人。自20世纪六七十年代起,法国

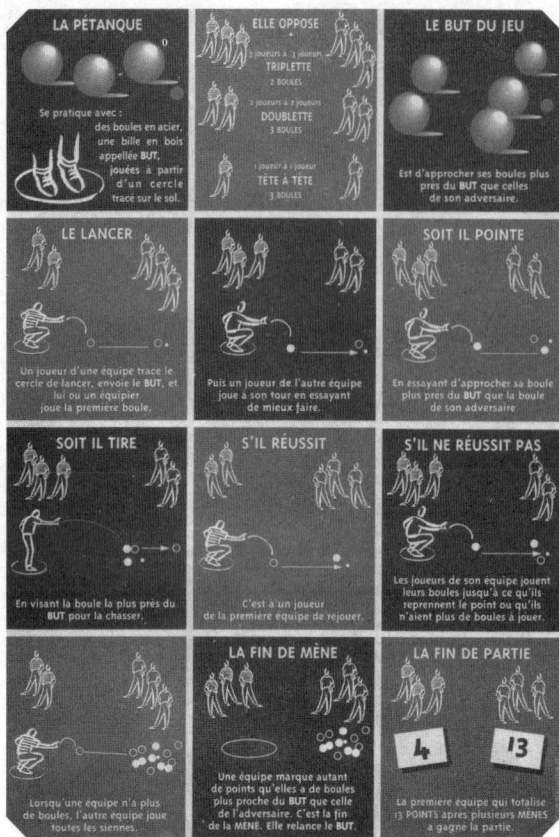

法式滚铁球的游戏规则

就开始建立足球人才培养体系,在各地成立青年训练学校吸纳培养人才,尤其是来自移民家庭的小孩。除了正规的足球场外,周末的街心公园、学校的水泥地,也能让法国人过足球瘾,它是法国人运动生活中的一部分。

滚铁球(pétanque),这是来自于法国南部的一项运动,1907年诞生于一座南法小镇。这项国宝级的运动,其地位相当于我国的乒乓球。它和传统竞技不同,规则简单、运动量小,而且还充满了趣味性。

在法国,无论是在随时可见的公园、简陋操场、河边,还是在家附近的水泥平地,都可以看到法国人把滚铁球玩到飞起。英国现代作家彼得·梅尔在写《普罗旺斯的一年》中曾经形容"它简直可以说是人类所发明的最有趣的一种运动。"

法式滚球怎么玩?第一步:进行分组。分为A组和B组,每组3人,每人有2球,也可根据实际人数或球数进行分组。第二步:A组投出目标木球,大约6～10米远。第三步:第1轮A、B两组轮流投掷铁球,离目标球越近就代表领先。第四步:落后的一组进行投球,直到离目标球更近或球已投完,再换对手投。第五步:滚球投完后,以落后方最靠近目标球的铁球的距离为半径,以目标球为圆心,画圆。圈中有多少领先对方的球,则赢多少分。第六步:最后换到场地的另一边继续比赛,直至一方赢得13分后比赛结束。在游戏过程中,也可以通过投掷自己的球把对方的球碰开。

如今的法式滚球也不仅仅属于法国人,全世界有更多的人加入了这项运动热潮中。对于法国人来说,法式滚球可以锻炼大脑,提高协调性,更可贵的是它还能增进朋友之间的感情,也是法国特色文化中不必可缺的组成部分!

最受法国人喜欢的体育运动还有哪些?

相关法语词汇

tour *n.m* [tur] 周围;圈子;环绕;

    n. f 塔楼;高楼

法:Pour Parker, son rêve est de faire le tour du monde.

英:For Parker, his dream is to travel around the world.

中:对于帕克来说,他的梦想是周游世界。

populaire *a.* [pɔpylɛr] 大众的;通俗的;受到大众喜爱的

法:Le football est très populaire en France.

英:Football is very popular in France.

中:足球在法国非常流行。

intéressant, e *a. (m)* [ɛ̃teresɑ̃] 精彩的;有趣的

法:La pétanque est très intéressante pour les Français.

英:This petanque is particularly interesting for the French.

中:对于法国人来说,法式滚铁球特别有趣。

5.5 法国人——在欢乐中阅读 Lire en fête

根据一份年度读书量的调查报告显示,法国人位列世界各国国民阅读量前茅,人均一年阅读至少20本书籍。这份数据给人留下法国人热爱阅读的深刻印象,在现实生活中,他们是真的那么热爱读书吗?

让我们从法国人的日常生活中去领略一二吧——

塞纳河边的旧书摊

每个工作日,上班族行色匆匆,面无表情,低头疾步向前,这样的画面每天在都市清晨和傍晚的地铁站上演。但一旦在原地站定,总能看到有人徐徐地从口袋掏出一本书,在等待地铁到站之前的片刻时光里低头沉浸在文字世界,争分夺秒。

午后的塞纳河边坐落着成排掉了漆的绿皮铁箱,这些看似并不起眼的"垃圾箱"实则是存放着二手杂志、书籍、报纸的旧书摊。几百座旧书摊像绵延几千米的一条文化长河,从16世纪到现在经久不衰,成为塞纳河边的一道亮丽的风景线,甚至被联合国教科文组织列为世界文化遗产。虽然遭受现代网购的冲击,人流量不如从前,但依然会有巴黎人时不时来此光临这些百年前的宝藏,在各个时代的旧书籍中寻找精神食粮,慧眼独具的收藏家也能在这里淘到珍贵的古籍。

下班后走进傍晚的公共社区,路边矗立着迷你的共享书箱,它不需要缴纳押金也不需要为借书出一分钱,居民可以把家中愿意捐出的书籍放进透明书柜,也可看中一本书带回家阅读,只要最后归还书箱即可。大家都遵守着这不成文的规定,维护着集体阅读的参与感。

法国人热爱读书的心态还体现在日常观看电视节目中,法国电视台定期推出《大书店》等文学

公共社区路边的共享书箱

点评类节目,由知名的文学评论家给电视机前的观众推荐读书清单,介绍近期出版的文学读物,和观众进行读后感的交流,收视率还居高不下呢!

传统的法国家庭从小就开始培养孩子的阅读习惯,人均阅读量大,知识储备量也相应较充足。在法国,由拿破仑于1808年设立的高中毕业会考(BAC:baccalauréat)第一门必考科目就是哲学,出的考题五花八门,根据所选分科不同让考生阐述观点,比如:

1. 承认自己的责任意味着放弃自由吗?解释弗洛伊德著作《一个幻觉的未来》选段内容。(2019年法国BAC理科)

2. 怎么解释艺术品的意义?对黑格尔的《法哲学原理》进行一番解读。(2019法国BAC文科)

3. 道德约束是最好的政策吗?(2019法国BAC社会经济科)

这些从中体现法国民族现代思想的哲学题目每年都会引起"吃瓜群众"的围观和法国媒体的热议,乍一看让人头脑发懵,细看则发现需要考生拥有引经据典、全局思辨的能力,前提便是平日养起读书的好习惯,从这一方面足以看出法国对阅读与思考的重视。

1989年,法国创办了读书节,倡导人人阅读,并通过阅读感受文化的多样性。这个节日一开始曾被命名为"阅读狂热(Fureur de lire)",接着又被更名为"读书时代 (Le temps des livres)",最终决定用"欢乐阅读(Lire en fête)"作为节日的最终名称。每年的10月中旬,整个图书产业链的所有参与者——作家、编辑、出版商、读者都会为

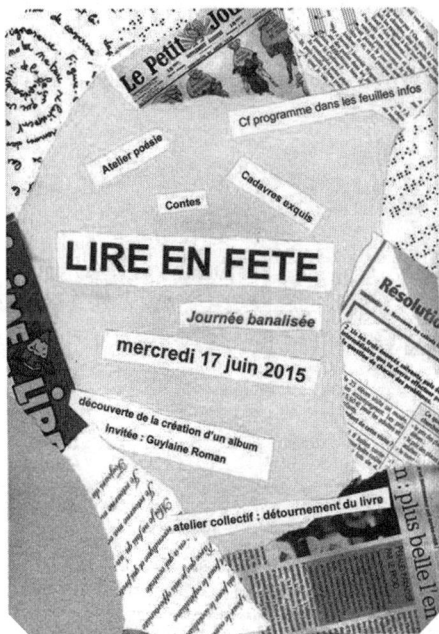

2015年读书节海报

这项盛事而努力。书籍摇身一变成了舞台上的主角,咖啡馆、广场、电影院甚至医院、博物馆和菜市场都会举办各式各样以推广阅读为主的文学活动,不仅会邀请作家、演员来声情并茂地朗诵、表演剧作节目,也会组织平日没有闲暇接触书籍的人们参观出版社,体验一番文学作品问世的历程。

每一年读书节举办的主题都不相同,例如2005年的"书店之夜(Nuit des libraires)"首次让全国几百家书店在夜间营业接待读者。家家户户在夜晚出动,携亲朋好友在书店听畅销书作者分享写书心得,签名留念,也可浏览最新上架的书籍,开展热烈的讨论。若碰

上旅行与文学的主题,法国文化部还会和国家铁路公司(SNCF)携手合作,在每个城市车站都放置旅行中的文学书单,设立豪华火车票的大奖吸引全国人民来热情参与,加入阅读的队伍。当然也会碰到别出心裁的美食主题,那便是大有口福之际:各类关于烹调艺术的菜谱、美味佳肴的书籍手册都会摆在最显眼的位置,大家不仅能面对面和资深美食作者探讨世界菜系,还有机会在现场品尝大师级别的茶点。这些别出心裁的环节不仅丰富了活动内容,更是吸引了各路美食爱好者的前往。

这仅仅是法国政府倾力推动人人写作和阅读的举措之一,鼓励所有人读书并不是简单地表达喜与恶,而是能够在书中获得独立思考和表达的能力,获得内心的充实,更加了解这个世界。同时,这也在向人们传达着一个讯息:只要热爱阅读,这件事不挑时间也不挑地点,无论你是走在河边、路过草地,还是站在公交车站或坐在图书馆都可以去实现。读书也不挑年龄,无论是青春年少还是白发苍苍,都可以追求看书的快乐,把它当作生活的乐趣。读书这件小事散发着浓浓的人文气息,也是法国人聊天永不过时的一个话题。

无论身处何处,都可以看书!

法国历来被认为是一个热爱阅读的国家,就算被电子书阅读器"入侵",大部分人还是坚持纸质化阅读。

大受欢迎的口袋书

那么问题来了,他们究竟最喜欢哪种形式的纸质阅读呢?

在多数法国人的家中,不论是在沙发还是卧室,一定都能找到那种看似不起眼的口袋书。

口袋书最早并不是出现在法国,而在英美发展历史更为悠久。1953年2月,法国阿谢特(Hachette)出版社负责人亨利·菲力柏契推出了一本口袋书——《寇尼格斯马克》,将原先只运用于通俗文学作品的印制方式运用到了贵族、知识分子常看的经典名著书籍上,从此让"口袋书"这个概念真正意义上走进了法国大众的视野。

法国口袋书的尺寸只比一般图书小一点,最初一本口袋书价格仅为2法郎(约合30欧分）。低廉的价格和丰富的内容令法国人对这种图书爱不释手，口袋书迅速风靡全国。

如今据统计，口袋书占据了法国图书市场的1/3，每4本在法国书店售出的书中就有1本是口袋书。在巴黎地铁上，无论是坐着还是倚靠着，大家都能捧着口袋书旁若无人地专注阅读，车厢移动、颠簸的光影搭配书中跳

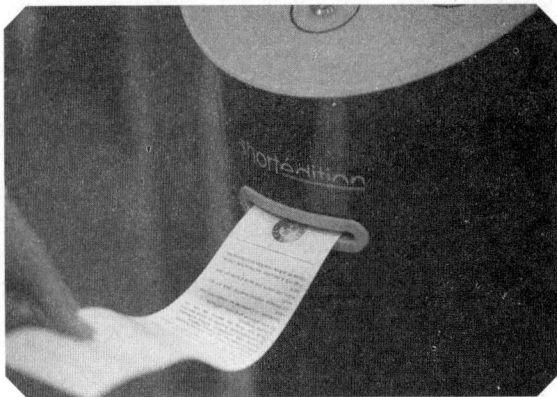

法国的阅读贩卖机

跃的文字，这一切构成了地铁上一道别致的风景。

在社会高度发展的背景下，法国人依然钟情于纸质化阅读，除了个人兴趣爱好之外，也和社会的引导不无关系。法国各地定期举办读书沙龙，在巴黎，每年3月会有一场规模盛大的巴黎图书沙龙，吸引众多读者聚集于此，给大家提供难得的场合来交流文字的魅力。

而最近新奇的体验则是小说售卖机——在法国的机场、车站，到处都是候机、候车的乘客们，与其无所事事盯着手机发呆，不如利用这些碎片时间阅读。

法国一家公司以此为灵感，推出了一款阅读贩卖机，贩卖机中有上万篇长度不等的小说，用户只需选择1分钟、3分钟或是5分钟的按钮，贩卖机就会随机吐出篇幅合适的小说供用户阅读。它的创造灵感来自于饮料贩卖机，篇目随机，每一次都是一个小惊喜。在这个小趣味背后，也饱含着发明者对阅读的热爱。那些思想充满张力、打动了无数世人的文学作品，它们值得拥有纸张所带来的美好仪式感。

法国人认为，纸质阅读拥有电子阅读所替代不了的质感，它并不是矫情，而是一种饱含诗意的人生态度与情怀。那些值得让人记住的优秀文学作品能以各种纸质阅读的形式继续流传，对于作者来说何尝不是一种荣幸呢？

那么，你呢？在快节奏生活的当下，你还能坚持纸质阅读吗？

法国人更热爱哪种形式的阅读呢？

相关法语词汇

lire *v. t.* [lir] 阅读;阅览;读到

法:Les uns vont lire à la bibliothèque, les autres lisent à la maison.

英:Some people go to the library and the other reads at home.

中:一些人去图书馆看书,另一些人在家看书。

organiser *v. t.* [ɔrganize] 组织;筹备;筹划

法:Beaucoup de bibliothèque françaises organisent régulièrement conférences, débats ou dédicaces pendant cette journée.

英:Many French libraries often organize lectures, debates or signatures on this day.

中:许多法国图书馆在这一天里经常组织讲座、辩论或签售会。

éditeur, trice *n. et adj.* [editœr] 出版社;发行人;发行的;出版的

法:J'aimais bien ses livres, donc j'ai voulais être un écrivian ou une éditrice lorsque j'avais seize ans.

英:I like his books very much, so I wanted to be a writer or publisher when I was 16.

中:我喜欢他的书,所以在我16岁时就想当一位作家或者一名编辑。

Chapitre 6

法国品牌知多少
Les marques françaises

6.1 诞生于法国的奢侈品大牌 Les articles de luxe

提起法国,它不仅是浪漫艺术之都,也是时尚潮流的中心聚集地,当然少不了令人眼花缭乱的奢侈品。随着我国经济飞速增长,人民生活水平日渐提高,我国国人在境外消费奢侈品的份额在几次数据统计中都位列全球首位。若你去法国旅游,总是有人不忘叮嘱,有时间一定要好好逛一下那边的商场!

那么,有哪些国人所熟悉的奢侈品大牌来自法国呢?

香奈儿(Chanel)一直都是时尚界人气最高的品牌之一,由掌门人可可·香奈儿(Coco Chanel)在1910年创建于巴黎。它惹眼的双C标志、优雅的山茶花形象在大众眼中一直是时髦的代表。童年时期的香奈儿女士生活并不幸福,从小就被送进修女学校,在那儿为将来谋生学得一手针线活。起初她在咖啡店做卖唱歌手,后在达官贵人的赞助下,开出了第一家女式帽子店。当时法国上流阶级的女式帽子款式繁重复杂,出行极为不变,香奈儿女士所缝制的简洁风帽子一经推出就受到了大大的好评,逐渐形成自己的风格。随着顾客越来越多,她开始用自己精致的针线活手艺拓展进军服装领域,用自然舒适的风格理念设计出让那个时代的女性也能活动自如的服装,正式宣告香奈儿这个时装品牌的诞生。1983年,"老佛爷"卡尔·拉格斐尔德接过了香奈儿女士

可可·香奈儿,又名加布里埃·香奈儿
(1883—1971),香奈儿品牌创始人

路易·威登(1821—1892)，
路易威登品牌创始人

的大旗，担任香奈儿品牌的总设计师，直至2019年逝世。

和香奈儿不同，路易·威登(Louis Vuitton)则是以制作箱包起家。1837年，当年还是少年的路易·威登孤身一人到巴黎闯生活，成为一名箱包学徒，开始学习制箱工艺。19世纪30年代末，第一条法国铁路开通和蒸汽邮轮正式起航，宣告了新一波旅游热潮的来临，人们对质量坚固、造型优雅的行李箱包的需求越来越多。此时的路易·威登先生已凭借精湛的手艺一跃成为皇室御用工匠，声名鹊起，上层名流顾客蜂拥而至，非他所制的行李箱不用。而他也再接再厉，在1854年开出了属于自己的第一家店，正式拥有了自己的品牌工坊。在他的品牌做得如火如荼的同时也被盗版商贩盯上，仿制品流入市场，一时之间鱼龙混杂。路易·威登先生的儿子为了打击盗版，推出了其经典的字母组合花纹设计(monogram canvas)，一直流传至今，也成为这个品牌的象征。

如今市面上有些品牌在形容自身产品品质非凡时，都会以爱马仕来类比体现其价值。在大力推广某个优质品牌时，总是情不自禁地形容：它可是这类产品中的爱马仕啊！看来在大众的心里，爱马仕不仅仅是一个品牌，这个词还是完美精致的代表。

爱马仕(Hèrmes)同样也是来自法国的奢侈品大牌，由主理人蒂埃利·爱马仕(Thierry Hermès)创建于19世纪。它早年以制作马具起家。当时的法国人多数饲养马匹，日常生活都以马车代步，爱马仕制作的马具尤其被贵族阶级所偏爱，经常出现在巴黎城最精美漂亮的马车装饰中，成为马路上一道亮丽的风景线。这也是如今爱马仕橙色外包装盒上四轮马车标志的来源。随着现代交通工具的发展，马车逐渐被汽车所替代，爱马仕家族也及时调转风向，从马具店向箱包、服装、家居方向转变，凭

蒂埃利·爱马仕(1801—1878)，
爱马仕品牌创始人

借其一贯精湛的手工艺水准在奢侈品王国中依旧屹立不倒，占据重要的位置。

法国作为一个奢侈品大国，林林总总的品牌不仅仅只是我们所提到的这几个。有些人认为，如今所谓的奢侈品只代表了人类的虚荣，带着个人主义和享乐主义的色彩，肤浅而不具备正面意义。但从另一角度来说，奢侈品并不只是所谓的包包、手表、衣服鞋子，这

些只是奢侈品中的一小部分。奢侈品不只是表面上提升人们的生活品位、提高人们的审美，最重要的是其蕴含着丰富的历史、工艺及人文情怀，值得被世代流传。

法国的奢侈品品牌历经数世纪的发展，不仅因为国家对其进行了保护和干预，也归功于法国人对艺术和工匠精神的执着追求，让它们成为法国文化中不可分割的一部分。真正的奢侈品在打造的过程中渗透着艺术和浪漫，它是一种文化的消费，更是人们对手工艺技术流传的一种欣赏和敬佩。

时装周，最时尚！

大家所聊到的时装周是哪四大时装周？

全世界闻名的四大时装周，分别位于巴黎、米兰、伦敦和纽约，每年举办两届，分为秋冬时装周（2、3月）和春夏时装周（9、10月）两个部分。时装周的主要任务便是揭示当年和次年的服装潮流趋势，使出席这场时尚盛会的全球知名设计师、名模、明星、时髦人士洞悉潮流风向，共同促进时尚产业的持续发展。

除了成衣时装周之外，在这四座城市之中的巴黎因特有的高定时装周，在时装界人士心中位列第一名。

什么是高定时装周？

高级定制（haute couture）的历史悠久，相传18世纪法国国王路易十六的皇后玛丽·安托瓦内特热衷穿衣打扮，拥有专属裁缝为她量体裁衣，制作精美贵气的华服，这就是高级定制最早的原型。如今在法国，它是一个受法律保护的专有名词，没有设计师能轻易称自己的作品是高级定制。高定时装周与之前所提及的成衣时装周不同，它的门槛极高，被视为时装设计界至高的荣誉，只有被法国高级时装协会认定过的会员，才能有资格参加。这些认定标准还极为严格，要求拥有"纯正巴黎血统"的品牌才能被列为正式会员，不是巴黎本土品牌只能被定义为境外会员，还有一种则是20世纪90年代为了充盈高级定制产业新鲜血液而开启的特邀会员，总而言之，能加入的品牌个个都不简单。

巴黎高定时装周也是一年举办两次，基本以发布当年的高定时装趋势为主。其所展示的高定服装基本都以手工缝制完成，费工费时，剪裁一流，可以根据客户的要求进行修改，更贴合需求。当然，这些动辄几十万甚至百万元的服装并不能被普通的消费者所承受,它主要迎合了顶尖客户的消费水准,是奢侈品品牌证明自己工艺和拓展品牌实力的一种方式。

有哪些国货之光走上了巴黎街头?

2018年李宁品牌登上
巴黎时装周舞台

近几年在成衣时装周上,除了我们常见的香奈儿、迪奥等国际大牌外,中国风的国货也在人们眼帘下悄悄走向国际化,在潮流的舞台上也逐渐能看到它们的身影。

从2018秋冬开始,我国的本土品牌连续好几次登上纽约、巴黎时装周的舞台,凭借惊艳的转型之作赢得全世界对中国品牌的赞美。它们将"国潮"的概念推出海外,让中国传统品牌转型"潮变",在世界舞台上彰显出中国文化的独特之美,受到各界潮流人士热烈追捧。在时装周短短一场秀的时间内,中国国货吸引了众多惊羡的目光,颠覆国人对品牌的刻板印象,从当初大家在商场不会多看一眼的普通品牌,迅速脱胎换骨成为T台上耀眼的光芒,让人不禁为之喝彩。

国货品牌对服装的设计一直在追求创新和突破,其频繁登上时装周的形象也赢得了年轻人的赞赏目光,为向年轻化转型赢得优良的口碑。对它们而言,不断选择和全球年轻人所熟知的文化对象进行联名设计,推陈出新,不仅能提高品牌的话题和曝光率,还能塑造国货的国际化知名度,更加有利于我们中国品牌走出国门,走向国际大众的视野。

走在巴黎潮流街头能看到哪些"国货之光"?
国货品牌冲进时装周有什么好处呢?

相关法语词汇

---

mode *n. f.* [mɔd] 时髦;时尚;时装式样;流行款式

法:Ce manteau de femme est à la mode cette année.

英:This woman's coat is very popular this year.

中:这款女士大衣今年很流行。

---

marque *n. f.* [mark] 记号;符号;生产名牌货的厂商;名牌货

法:Le logo de cette marque est frappant.

英:The logo of this brand is amazing.

中:这个品牌的标志给予人强烈的印象。

---

couture *n.f.* [kutyr] 时装业;服装业;针线活;缝纫

法:Je travaille dans la haute couture. Je suis styliste.

英:I work in high fashion, I'm a fashion designer.

中:我在高级时装界工作,是一名时装设计师。

⚜ 6.2 闻香识女人 Le parfum

生性浪漫的法国人对香水也有特别的热爱。香水有着无形的魅力,无论是日常工作还是约会时刻,香水都是法国人必不可少的武器。

最初,香水这个单词来源于拉丁语 Per fumum,意为"透过烟雾",古时会通过焚香、燃烧物品,使之散发烟雾来与神灵对话,通常会在宗教仪式上使用。但香水的最早发源地并不在法国,它的历史非常悠久,确切来源已无从考证,我们唯一能得知的是在历史上的中东地区和中国,早早就已经出现了香水的原型。

电影《埃及艳后》剧照

当时的人们善于运用香料来进行芳香的混合,但只允许神职人员接触和参与制造香水。在制作木乃伊时,古埃及人也会在其中掺入香料永久保存,不过只有身份显赫的人家才可以使用香料进行陵墓的陪葬。直到埃及艳后克娄巴特拉七世统治时期,她本人极其爱用混杂了十几种香味的香精进行沐浴,日常热衷于在身体上喷涂各式香水,将使用香水的风潮普及到了古埃及上下。在埃及失去统治力量之后,香水又被带入了古希腊和古罗马。一开始他们对香水的使用还算克制,之后人们逐渐开始对香水着迷,不仅在人身上喷洒,还会往墙壁、马或是狗的身上洒香水,从上到下变得无香水不欢。

在10世纪时,对于香水最重要的一个发明——蒸馏器问世,大大改进了香水的蒸馏技术,让其浓度增加,得以更好地保存。欧洲国家也从随后兴起的海上贸易中进口了东方的独特香料,开启了属于欧洲的香水繁荣时期。

法国人以前用香水是因为不洗澡?

过去住在欧洲的人极其热爱洗浴文化,尤其是在罗马帝国时期就兴建了许多男女浴池,在罗马帝国灭亡之后,欧洲还是保留了洗浴的传统。但到了14世纪,历史上著名的黑死病在西班牙爆发,迅速蔓延至整个欧洲,没有任何有效的手段可以控制这种流行病的传播,一时之间人心惶惶。当时的医生积极寻找原因,力求得出黑死病的来源,最后下结论认为黑死病如此猖獗是通过空气的传播,人们经常洗澡会让毛孔"扩大",让病毒有了可乘之机。如要抵御这种疾病,皮肤必须屏蔽空

旧时欧洲贵族热衷香水

气的接触!如今看来这般荒谬的言论,在当时却被急于寻找病因的法国教会人士及国王贵族所相信,于是全国开始新一轮的号召:如果想要健康,就不能洗澡!

这样的迷信说法一直持续了几百年,有人极力渲染我们所想象的法国贵族们虽然保持着表面的优雅,却也不得不纷纷用香水遮掩他们一生中不怎么洗澡所散发的特殊"体香"的另一面。然而事实并非全都如此,17世纪时的上流贵族也需要维护体面和地位,他们对裸露在外的肌肤格外注重。虽然他们对"水"这种液体仍充满怀疑,觉得流动的水会将疾病带入体内,但也会经常通过毛巾擦拭身体来保持自身的清洁。香水在那时的流行并不是为了遮盖体味,而是被认为有消灭病菌的作用,它主要是为了屏蔽有害空气而使用。再者,人口众多的巴黎城市卫生状况不佳,街巷的角落经常混杂着污秽,宫廷因为养

南法小城格拉斯

着宠物而虱子满天飞,整座城市变得臭味熏天,人们不得不用沾有香水的手帕捂着口鼻在城中行走。长期面对这些气味的法国人对香水及香盒、香脂的需求开始增长,继而带动了法国的香水炼制发展,技术得到了进一步的增强。

在法国香水的发展史上,格拉斯(Grasse)是一个无法忽视的存在。它位于法国南部,拥有得天独厚的自然环境,生长着许多适宜作为香料的植物,是规模最大的香料生产基地。这个小镇起初以生产皮手套的手工业为生,手工艺人会在制作皮手套的过程中加入薰衣草、迷迭香等植物精油来遮盖皮料自身难闻的工业废料味道。这种带着香味的款式受到上流社会贵族的青睐,很快风靡了整个法国,后期陆续出口海外。随着皮手套业在当

地的衰弱,反之香水业开始蓬勃发展,名声大噪。国王路易十四是个香水的狂热爱好者,他希望他的调香师每天都能研制出不同味道的香水供他使用,于是到了18世纪,格拉斯已然成为世界最大的精油提取基地,为巴黎的皇室贵族提供源源不断的香水、香薰等芳香制品,同时还变成了培养调香师的人才基地。

在拿破仑统治时期,拿破仑本人也是香水的重度痴迷患者,除了日常必须使用香水外,去前线征战也不忘携带。他作为一个重视教育、热爱科学的执政者,推动了当时科研从业者对有机化学的研究,从而让法国的香水工艺得到了质的发展,一举达到世界领先的水平。

法国有哪些有名的香水品牌?

皮埃尔·弗朗索瓦·帕斯卡·娇兰,娇兰创始人

在法国众多香水品牌中,娇兰(Guerlain)可谓历史上的香水帝国。它作为一个彩妆品牌,最早以香水起家。创始人皮埃尔·弗朗索瓦·帕斯卡·娇兰是一位精通化学的药剂师,从英国学成归来后,1828年他在巴黎创立了属于自己的香水店。为了庆祝拿破仑三世新婚,他敬献了一瓶精心调制的"帝王之水",受到了当时皇后欧仁妮的好评,一举被封为皇家御用供应商。经过皇家大人物"带货"后,这个品牌立马登上了世界香水的舞台,一战成名,收获了不少品牌追随者。随之,他的儿子继承了他的调香天赋,在接下这份家族产业后,研制出了当时颇为轰动的"姬琪"香水:它融合了自然香料和人工合成香料,也是历史上第一瓶分三个不同香调的香水。在此之前,香水并没有这样类似这样三阶式的结构,从这瓶"姬琪"起,人们开始对香水的前调、中调和后调有了初步的认识,开启了现代香水的大门。

在19世纪末20世纪初,随着工业革命的来临,香水产业开始走向工业化,具备了进行大规模生产的能力,变得富有的中产阶级们看到了无限商机。不得不提及的是香奈儿女士所创造的香奈儿五号香水(Chanel No.5),许多人对它的第一印象,来源于美国著名女星玛丽莲·梦露说的一句:我只喷几滴香奈儿五号入睡。1921年,香奈儿五号诞生于格拉斯小镇,是那个时代第一次登上电视打广告的香水。在成功的营销之下,它的销量非常可观,至今仍是香奈儿品牌销量最好的香水。这是香水与时装界成功结合的典范,带动了后续各大时装品牌纷纷出山发起与香水之间的联动。

香水虽起源自别处,但在法国进一步繁花盛开并发扬光大。除了各大奢侈品品牌旗下发布的香水之外,小众独具一格的法国品牌香水也凭借实力走向了世界。现在的香水并不像过去那样高不可攀,它接触带着体温的皮肤散发出的香气给予不同性格的人不同的魅力,无论男女都会在日常梳妆中喷上几滴香水,满足内心的仪式感。法国香水作为一种产品,它代表的不仅仅是调香师对香精的绝妙混合,其别具一格的香水名字、背后蕴含的故事及设计精巧的香水瓶更成为被世人购买收藏的理由。

香奈儿五号香水广告

淡香水?

在货架上挑选香水时,时而会被同一名牌同一种香水有好几种不同的标识所迷惑,外包装上写的"parfum/eau de parfum/eau de toilette"字样也让人摸不着头脑。其实根据香水中的香精浓度不同,香水总体上被分为浓香精、淡香精、淡香水。

它们之间有什么区别?

浓度最高的被定义为浓香精(parfum),通常香精含量在20%～30%,留香时间最长久,价格也最为昂贵,滴几滴就可以保持馥郁的香气一整天;其次为淡香精(eau de parfum),香精浓度在15%～20%,留香程度略逊于浓香精;最淡的是淡香水(eau de toilette),香精浓度保持在5%～15%。看到淡香水的字样时会误解它和卫生间(toilette)有千丝万缕的关系,实则它只是香水的一种香型,意为在人们梳妆打扮后变得更好闻。淡香水的酒精浓度较高,所以更容易挥发,留香时间只有几小时,适合喜欢清香的人群。

还有比淡香水更淡的香水吗? 古龙水(eau de cologne)和清淡香水(eau de fraicheur)的香精浓度更低,前者更多用于男香。不同的香精浓度价格也有区别,在辨认的时候可千万别认错了!

相关法语词汇

parfum *n.m.* [parfœ̃] 香水；香料；芳香；香味

法：Ce parfum est trop capiteux, il m'entête.

英：The perfume is so strong that it bothers me.

中：这种香水的香味太浓烈了，让我有点晕。

élégant, e *a.* [elegɑ̃] 优美的；优雅的；考究的

法：C'est un parfum très élégant.

英：It's a very elegant perfume.

中：这是一种非常优雅的香水。

arôme *n.m.* [arom] 芳香；气味；调味香料

法：Ces arômes changent avec le temps et sont différents selon les terroirs.

英：These fragrances change over time and vary from place to place.

中：这些香味随着时间的推移而变化，而且因地而异。

🗼 6.3   万物都有打折季的一天 Les soldes

　　若生活在巴黎,老佛爷百货(Galeries Lafayette)和巴黎春天(printemps)这样的大型百货商店一定不会被购物狂错过。除了本地人会经常光顾之外,它们也是各国旅游团钦点的购物场所。

　　老佛爷百货本身建筑物历史悠久,商场正中央镶嵌着一块瑰丽的彩绘玻璃穹顶,阳光透过新式拜占庭风格的穹顶柔和地洒落在来往的游人身上,一瞬间会恍惚觉得自己进的不是商场,而是一家优雅的法国歌剧院。每年一到盛大节日,整个商场都会装饰得星光闪烁,着实让人移不开眼,就算不买东西,进来欣赏一次也是非常满足。

老佛爷百货商场

　　而紧挨着老佛爷百货的是巴黎春天,其自身建筑物是一座历史文化保护遗产。装饰着彩色马赛克和玻璃天窗的角楼是这座商场独有的一道风景线,楼顶的观景台则是俯瞰巴黎360度全景的最佳视角之地,适合购物后上来短暂地放空和休憩。

　　位于塞纳河左岸的乐蓬马歇(Bon Marché)相对前两者而言则低调得多,是本地人频繁光顾的一家商场,里外都充满巴黎风情。这里定期还会举办和艺术家合作的文艺展览,让顾客在享受购物的同时还能领略到艺术馆藏的浪漫。

　　热爱购物是人的天性,法国人也不例外。但他们在疯狂中时常也会保持一份理性:这件东西真的很需要吗?如果不是应急,完全可以等一等再买!等到什么时候呢?打折季的时候再来看一看吧!

法国的打折季是怎么回事?

　　法国的打折季最早可追溯至19世纪,20世纪伊始法国政府立法规定,一年中有两次打折季,一次在夏季,还有一次在冬季。夏季打折季从6月底开始,冬季打折季在1月开

挂着打折横幅的法国各大商场

始,整个打折季一般持续4周左右。

这是全法一年两度的盛事,法国人在这个时节为了抢购商品而蠢蠢欲动,跃跃欲试。有些人不仅在打折活动开始之前就去商场"踩点",确认好合适的码数,甚至会仪式感很强地列出一份详细的打折季预算清单,标记下觊觎已久的心仪之物。

在打折季期间淘货有什么规则吗?

在打折季开始之前会有一个预热阶段(avant première),若你是某商家的会员,就可以享受折扣季之前的独家会员优惠活动。

分为不同阶段的法国打折季

打折季的第一周被称为第一轮(démarque),它是打折季的重头戏,也是商品码数最全、数量最多的一周,但是折扣力度相对不会特别大。商家在前期预热阶段宣传的"尖货"也会在这周的第一天上架,数量少又难抢。印象中一些懒散又不太准时的法国人在这天会为了一样非买不可的商品早早地在商店门口排起长队,在店家开门营业后争相奔向明确的目标所在地,确认过眼神,一手将其收入囊中。当然,抱着同样想法的并不止一人,除了本地人和游客之外,还有一批职业代购也会加入激烈的战场。想要的东西一旦犹豫,不立即下手,转身就会被一扫而空,后悔也来不及了。

到了第二周或是第三周,会开始第二轮(deuxième démarque)打折,折扣开始持续走低到5~8折,又有新一批商品被加入折扣大军,上一周没抢到的商品还可以在这个时候找到希望。若已经完成了购物清单上的内容,精神上紧绷的弦可以得到稍许的放松,在这一轮折扣中挑选还算合意的物品,例如有适合自己尺码的衣服、鞋子等,有些大众热门码数会很快在这一轮售罄。

到了打折季的最后一轮(dernière démarque),折扣已到达最低,但可以下手的商品也不多了。商家为了最后冲一波销售业绩,会进行一场低至2~3折的大甩卖,标签牌上的价格一涂二改,最终价格不断下调,极度疯狂。推开一些快销服饰店铺的大门,会发现五花八门、春夏秋冬四季的衣服就那么在货架上堆积如山,多数款式不是卖空就是断码。到这个阶段大多数人的钱包已经"瘦身"完毕,但仍然可以试着"捡漏",在一堆看似平平无奇的商品中淘货,也许会发现令人惊喜的漏网之鱼。

除了各大百货商场和商业街,法国的打折村也是打折季购物的重要一站。这里可以常年买到比市区价格低廉的打折商品,所汇集的品牌相对比较高端。在打折季期间,打折村所能提供的折扣会更高,一些平时看似高冷的大牌也会在这个时候放出打折季专属折扣的商品,吸引大家前往消费。

总而言之,打折季作为法国本土最大的购物嘉年华,除了能满足大家抑制不住的购物欲,帮助商家清理库存,更多地是为了刺激大众的消费,促进本国经济的增长。

"买买买"虽然快乐,但也要保持冷静的头脑,告诫自己,真正适合自己才最重要!

黑色星期五 vs 本土折扣季

在法国,除了一年两次的本土折扣季之外,大约在10年前就引进了北美"黑五"折扣的狂欢,除了能再次促进本地大规模的消费之外,还丰富了法国人的购物体验。

什么是"黑五"?

"黑五"是黑色星期五(Black Friday)的简称,它来自美国,属于感恩节过后的促销节日。据说美国的商场都以红字记录亏空、黑字记录盈利,而在11月感恩节至12月圣诞节期间是传统美国家庭的采购日,也是商家利润大大上涨的时机,于是这一段促销时间就被称为黑色星期五。

在地球另一端备受追捧的"黑五"折扣季传到了法国后,商家及时抓住时机进行一轮商品减价促销的大肆营销,法国人也认为这是在圣诞节家人相聚团圆前,准备价廉物美礼物的好机会。接近大半的法国人都会在"黑五"来临之际做好血拼购物的计划安排,这个节日一度受到大家的热烈欢迎。

在法国,折扣季和"黑五"折扣有什么区别?

除去促销时间上的不同,许多来自法国本土的品牌在本国打折季的活动力度更为强势,在"黑五"折扣季的价格远不如法国打折季来得实惠,更多人在"黑五"折扣季时更偏向

法国折扣季和"黑五"折扣

购买本土之外的品牌商品。有时候法国打折季的商品容易断码断货,货源不如想象中的充裕,但三轮促销力度倒是实打实的利落,而参与"黑五"折扣的商品款式、数量虽然相对更多,但是折扣力度却远不如法国打折季。这也让一些法国人认为,期待了很久的"黑五"折扣力度如此式微,现实不及期望值。

这几年也有不少越来越理性的法国人提出了抵制"黑五"折扣季的活动。首先,他们认为"黑五"只是让商家在年底加紧完成关键绩效指标的一种折扣"陷阱",这种商业模式只是为了盲目刺激群众过度消费。许多商品并未坦诚地调低价格,而是制造虚假折扣,促使大众进行不理智、冲动型的消费,而商家为此也承担了生产过剩的风险。那些为了"剁手"而"剁手",后续不会再使用的商品及不利于保护环境和维护世界的可持续发展的快递包装,引起了法国环保组织的集体抗议。其次,引起争端更重要的原因是对于极力保护本国文化的法国人来说,"黑五"折扣季的本质是来自其他国家的节日,而不是真正属于法国人的购物节,它属于一种外来文化的"侵袭",不但对传统的法国打折季造成消极的影响,还会在潜移默化之中改变本国人民的价值理念。

对此,你是怎么看的呢?

相关法语词汇

acheter *v. t.* [aʃte] 买,购买

法:Elle a acheté un flacon de parfum hier soir.

英:She bought a bottle of perfume last night.

中:昨晚她买了一瓶香水。

promotion *n.f.* [prɔmosjɔ̃] 推销;促销;晋级;提升

法:Regarde, cette marque est en promotion !

英:Look, this brand is on sales promotion!

中:看,这个牌子在搞促销呢!

baisser *v. t.* [bɛse] 降低;降下;放下

法:La consommation française a baissé de 15% depuis quelques années.

英:In recent years, French consumption has fallen by 15%.

中:近年来,法国的消费下降了15%。

Chapitre 7

法国社会百态
Les problèmes de la société

7.1 罢工游行，这很法国 La grève

1968年的五月风暴运动

法国人挂在嘴边的一句玩笑话"春天工作，夏天度假，秋天罢工，冬天过节"很准确地描绘了罢工在他们日常生活中的普遍性。作为欧洲乃至全世界的罢工大国，法国人的罢工可不仅仅只存在于一个季节，而是一件在一年365天日常生活中频繁会撞见的事：碰上交通罢工，这一天的你会发现公交停运、地铁关闭，只能苦苦徒步去上班或上学；碰上邮局罢工，这一天急着寄礼品包裹的你会发现四处碰壁，快递无人收取；碰上航空公司罢工，这一天兴致勃勃去旅游的你会发现机场竟无一架飞机起飞。这可真让人摸不着头脑，明明拥有一周规定只工作35小时和全年节假日不断的社会福利，为什么这些法国人还那么爱罢工？

有人说，法国人爱罢工是由他们的历史因素所决定的。太阳王路易十四将法国推上了封建王朝的顶峰，一跃成为那个时代的欧洲霸主，而他的后代却让法国逐步走向了衰落。从毫不关心国事的路易十六和他奢侈无度的皇后惹怒法国人民被无情送上断头台起，法国人民心中捍卫自身权利的意识开始猛然觉醒，不再甘心被特权阶层随意摆布，认为正当福利必须要靠自己争取。

18世纪爆发的法国大革命让法国人开启了追寻自由平等之路，从经历轰轰烈烈的巴黎公社运动,到1968年由于社会与经济之间的各种矛盾丛生,学生罢课、工人罢工差点推翻政府的五月风暴,足见这是法国历代的传统。这种革命性的理念深深根植在他们心中,深入骨血,法国人随时随地都可以为了争取自身权益走上街头。

深入法国人骨髓的罢工

到如今,罢工已经深深根植于法国人的思想理念之中,并拥有专属法兰西民族的特色:农民会因为奶价下调而愤怒地将奶牛牵上马路当街洒奶,养猪场场主会因抗议猪肉价格下调而将大猪小猪们运到市中心示众,牧羊人会因为政府出台保护野狼政策表示忍无可忍而将山区的羊群全部赶至巴黎街头。这些形形色色的罢工游行在各地多如牛毛,甚至被称为不值得一提的日常小罢工而已。

近几年规模较大的罢工当属2019年12月发生的一起罢工游行,当月数十万人走上街头,抗议法国政府颁发的养老金改革计划,要求总统马克龙为此做出解释。这起由法国政府企图统一各类养老金体系以求缩减政府退休金国库财政开支的政策触犯了部分人的福利,引发了跨行业性的大游行,从首都巴黎辐射至全国马赛、里昂、斯特拉斯堡等全国各地大小城市,持续了好几个月之久,被许多媒体戏称为这是一场"宇宙级别"的罢工。

由于罢工过于常态,法国网友还顺手做了一个"这就是罢工(C'est la grève)"的资讯网站。网站会及时更新每日罢工动态,公布下次罢工信息,提醒群众做好出行规划,实在过于"贴心"。

La France au sommet mondial des jours de grève

Nombre de jours de travail perdus pour fait de grève pour 1.000 salariés
(de 2007-2016 sauf pour la France 2007-2014)

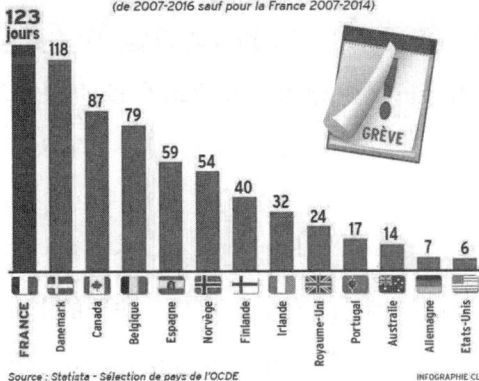

123 jours — FRANCE
118 — Danemark
87 — Canada
79 — Belgique
59 — Espagne
54 — Norvège
40 — Finlande
32 — Irlande
24 — Royaume-Uni
17 — Portugal
14 — Australie
7 — Allemagne
6 — États-Unis

GRÈVE

Source : Statista - Sélection de pays de l'OCDE

INFOGRAPHIE CL

全世界国家罢工天数排名

在法国罢工合法吗?

从中世纪以来,法国就有发起过一些零散的罢工运动,但皆没有造成深远影响。当时法国人的罢工并不受到保护,甚至受到政府镇压。1791年的夏勃利尔法明确禁止工人农民的罢工活动,到了拿破仑执政时期更是重申工人聚集抗议、暂停工作是违法的行为。直到第二次世界大战结束之后,罢工才被重新恢复权利,被法律条文正式承认。在1946年法国第四共和国宪法中进一步明确规定,每个人都可以捍卫自己选择工会和在其工会行动的权利和利益,包括公务员。这是历史上第一次将罢工这项公民权利写入宪法,让它不再只是一场表面上的劳动冲突,而是上升为法国公民的一项既定权利,让所有民众都可以参与到罢工运动中来。但在行使这项权利的同时,并不是无限制地随心所欲,也需要遵守规矩和制度。在法律中规定,罢工必须是一个集体行为,这意味着起码两人以上才可以组织一场正规的罢工。若只有你一个人提出这项行动,不行! 必须找齐你的伙伴才可以继续进行下一步的流程。

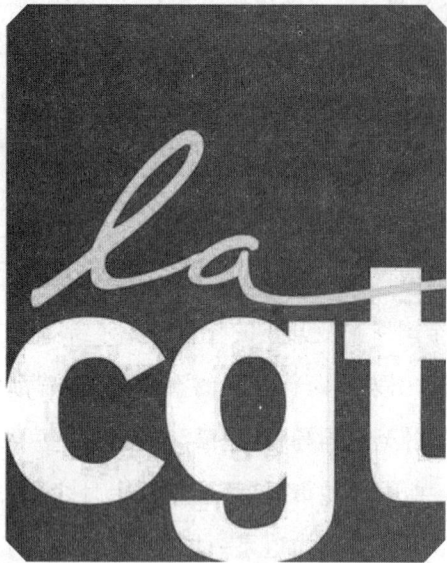

法国总工会
(Confédération Générale du Travail)

在组织一场正式的罢工之前,必须事先提交详细的申请书,陈述罢工的起止时间和申请罢工的游行路线。罢工的时长没有限制,可以持续数月或只是短短半天,但必须在申请书中阐述举办这场罢工的正当理由,比如提高工资待遇或改善工作环境等。在游行当天必须按照申请书上的流程进行,遵守相关条例,实施防范措施。所以在此看来,大部分的罢工都充满了"和平与爱",做到了井然有序,互相尊重。

法国的工会在罢工中扮演着重要的角色,它会经常领导群众进行罢工并争取合理的诉求。法国的工会种类繁多,形式各异,其中有五大工会被列入《法国劳动法典》,分别为法国总工会、法国工人力量总会、法国工人民主联合会、基督教工会联盟、法国职员工会—企业行政管理和技术人员总工会。五大工会中以1895年成立的法国总工会资历最久。法国的工会涉及国内交通运输、公共服务等重要部门,具有广泛的职能覆盖面,并且在法律规定之下有和政府对话及谈判的权利,拥有稳固的发言权,是罢工运动最强有力的支柱。各家工会之间也是格外团结,一家"有难",八方支援,足以让一场看似小众的罢工演变成跨行业性的大游行。法国人民除了为了表达和争取自身行业权益而发动罢工,有时也会为了总统生活开销太大、全国肉价上涨、新颁布的法令不合民意等一些社会事件进行集体性的抗议。

当然,参加工会并不具有强制性,若你不是工会的一分子,照样也可以行使自己的罢工权。但并不是所有的职业都允许罢工,具有特殊职业性质的工种往往不参与罢工,毕竟罢工运动需要在确定不破坏社会最基础的运转范围之内,确保社会经济秩序稳定的前提之下才能进行。

罢工是法国人所认同的一种社会文化,也是法国人维护自身权益、疏导怨气的一条出口,从最初激进的街头革命到现在平和的示威游行,它是曾经用鲜血和暴力对抗换来的意志自由,让政府听见来自不同阶层的不同声音。这其中蕴含着层层的社会政治文化因素和法国人强烈表达意愿的诉求,它不仅是一种法国社会特色,更是法国启蒙思想之下的文化产物。

作为一名旁观者,你对法国这样家常便饭般的罢工运动又是怎么理解的呢?

罢工了,可我想上班!

因为轰轰烈烈的罢工,公共交通经常受到严重的干扰。地铁关闭几个站口,公交停开好几天,让出门的行人始料未及。这种情况下,对于不参加罢工的人们来说,还能好好去上班吗?

根据法国的劳动法规定,除非公司员工集体表决不上班,不然雇主没有义务替缺勤的员工支付工资。这意味着如果本公司没有参与罢工活动的话,该上的班还是要照常去上,该搬的砖还是要照搬。这也让一些务实的法国人表示一年之中绝对不会去参加任何一次的罢工,毕竟没有工资拿,光游行也很费劲啊!

按时上班却遇到罢工游行,交通瘫痪免不了遭遇迟到,但有两种情况可以避免受到缺勤惩罚:一是告知老板具体情况,二是让公共交通公司开具缺勤或迟到的书面解释信以备劳动纠纷。为了挽回客观原因造成的薪资损失,员工还可以和老板商量加班或是请带薪假期。

部分人性化的公司会在罢工游行情势特别激烈时,允许员工一周内有一两

罢工运动中关闭的地铁站

次可以在家远程办公,但是这仅限于用网络、电话即可处理工作业务的上班族。护士、医生、技工这些具有职业特殊性的人群还是不得不面对现实,除了想尽办法骑自行车、拼车甚至踩着电动滑板车去公司打卡之外,还要做好清晨步行数公里去上班的糟心打算。

不可否认,罢工活动给法国人民的日常生活带来了极大的影响,公共交通路线、班次

取消常常让人叫苦连天。尽管如此,法国民众也纷纷表示宽容理解,正如他们所常说的,"我不同意你的意见,但我尊重你罢工的权利"。别看法国人平时爱发牢骚爱抱怨,但面对罢工游行时反而异常理性,顶多耸肩摊手,几句诉苦后还是选择默默忍受,毕竟这是他们的天性啊!

法国大罢工,真的可以不上班吗?

相关法语词汇

grève *n. f* [grɛv] 罢工;罢课;集体停止活动

法:Une grève générale a été décrétée le 16 septembre.

英:A general strike was announced on 16 September.

中:9月16日宣布了一次全面罢工。

légal, *ale; pl.~aux a.* [legal] 合法的;法定的,法律上的

法:La grève ,c'est tout à fait légal et c'est même fondamental.

英:The strike is completely legal, even fundamental.

中:罢工,这是完全合法甚至是最基本的权利。

annuler *v. t.* [anyle]宣布无效;废除;撤销;取消

法:La météo était très mauvaise si bien que beaucoup de vols ont été annulés.

英:The weather was so bad that many flights were cancelled.

中:天气很糟糕,很多航班都被取消了。

7.2 冠绝欧洲的法国未婚生育率 Les naissances hors marriage en France

在传统一辈人看来,结婚生子是人生道路上一步一个脚印、最平凡不过的家庭生活阶段。但现今社会上存在的家庭结构并不是想象中那样的单一,同性恋家庭、同居家庭、离异家庭、重组家庭的数量逐渐开始攀升,社会家庭的结构变得复杂且多元化。

法国作为一个以天主教为主的宗教国家,几个世纪以来都遵循着男女结合走向婚姻殿堂,组织家庭、繁衍子孙的传统。但随着法国社会的发展,阶级革命带来的思想挣脱,法国人的意识形态发生变化,发现按部就班的结婚并不是获取人

大多数法国人信仰天主教

生幸福的唯一途径,不少人更希望冲破婚姻捆绑的束缚,获得自己想要的美好生活。

法国人生性浪漫,不仅体现在情感方面,在生活方式上也别有一番自己的想法。现代婚姻对于法国人而言,是情感上的甜蜜和对新生活的展望,但从另一个角度来说,无论最初结婚还是最终离婚都是一场手续复杂、持续时间漫长的过程,不仅耗费人力,也会涉及金钱物质上的纠纷,让部分人对结婚这件事心存犹豫,驻足不前,望而却步。于是在法国,出现了一种重新诠释"让我们在一起"的生活方式——大家开始趋向于同居。

吸引众人的"同居协议"

从19世纪70年代起,法国就曾陆续颁布过一些保护非婚同居者相关的法律条文,但都没有较为具体地对此进行明文规定。直到20世纪末,法国宣布通过了一项关于同居协议的特殊法律并将其写进了国民法典中,被称之为《法国民事同居协议》(PAC:Pacte Civile de Solidarité),引起了全法一股"相约去做同居恋人"的热潮。法国政府逐年都在完善这项协议的条款,让越来越多的法国人可以在受到法律保护下进行同居生活。

《法国民事同居协议》下的协议同居和正式结婚、普通同居有什么区别呢?

《法国民事同居协议》更像是夹在正式结婚和普通同居之间的一种家庭契约关系。冷静客观地分析,它就像一张生活合同,但它比正式婚姻所带来的法律责任和义务更简单,但又比普通同居更具有法律上的保障。《法国民事同居协议》当时一经颁布就受到了同性情侣的强烈支持,毕竟在2013年之前法国尚未通过同性恋结婚法案,这项协议保障了同性情侣与异性情侣之间相较平等的同居权。此外,他也获得了一些现阶段没有足够资金结婚或是完全不想动结婚念头人群的热烈欢迎。

它有哪些好处让那么多法国情侣愿意加入呢?

首先,这项同居协议的程序简洁,在市政府签字即可生效。在结束这段关系时双方可进行协商终结,甚至单方面申请解约,整个步骤干脆利落也不拖泥带水,不存在光合法分开就需要耗一年半载的情况。

其次,履行同居协议期间一方取得的财产只归其个人所有,并不属于双方共同财产。比如人人都很关注的房产问题,它和婚姻模式内的房产性质不同,若只属于甲方的房产在甲方去世后,乙方则不会拥有继续居住的权利,除非有遗嘱可进行相关解释。它在任何一方去世后都不涉及最后的财产分割,因此不会出现双方家庭撕破脸吵架的头疼场面。

再者,在协议期间所生育的子女虽被认定为非婚生子女,但从2006年起法国法律就已规定非婚生子女的合法性,他们可与婚生子女享受相同的福利待遇,不会受到任何区别对待,减轻了社会舆论,让同居伴侣免去了后顾之忧。

当然这份民事同居协议也并非全是"互不相欠"的优点,双方在此期间也有需要履行的互助义务,比如共同承担日常生活开销,有必要向生病、遭遇意外事故或是惨丢工作的对方及时伸出援手,做到互相陪伴又彼此独立。

有些对已婚生活没有足够信心的情侣会先开始一段协议同居生活,进行婚前"试婚",若在这段时间内相处愉快、生活和谐,便可考虑走向下一步的结婚流程。相反,若在同居生活中遇到不可调和的矛盾,也可全身而退并受到法律的保护。它在一定程度上像一颗"后悔药",让人可以调转方向,及时回头。

法国第24任总统弗朗索瓦·奥朗德也是《法国民事同居协议》的拥护者之一,他上任后并非携"第一夫人"亮相,而是他的"第一女友"。虽然他历经几位女友并已育有多名子女,但依然在公共场合坦诚自己是个实实在在的不婚主义者。除了异性同居之外,同性恋人的代表社会党籍巴黎市长德拉诺埃、著名时装设计师伊夫·圣罗兰等社会知名人士都是履行同居协议的身体力行实践者,从上而下地说明了它在法国的国民普及度。

伊夫·圣罗兰(1936—2008),
法国知名设计师

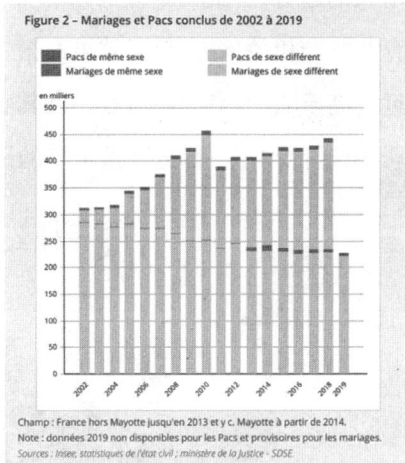

法国国家统计及经济研究所(INSEE)的数据显示,从2002年起至2019年,法国的结婚率有持续走低的趋向,选择缔结民事同居协议的情侣从2011年起却在稳健增长,让人不禁感叹,现在选择结婚的法国人相对而言变得越加"谨慎"了。

法国的年轻人是非婚同居的领军人物,他们乐于享受《法国民事同居协议》带来的自由。但近几年来中老年人也加入了"PAC"大军,选择用简单又有保障的模式继续新的感情生活。越来越多的伴侣选择不再被一纸婚约所束缚,而是探索稳定且具有安全感的生活方式,这是不是同时也在说明,我们眼中传统的婚姻模式已经开始遭受别样的"威胁"了呢?

2002—2019年全法结婚率与
缔结PAC协议率对比

那些没有通过正式婚姻而生下的非婚生子在法国国家统计及经济研究所(INSEE)所统计的2009—2019年非婚生子数据表中百分比逐年递增,在2017年已占比59.9%。这也证明了将近2/3的法国人民早已选择在非婚姻状态下生儿育女,这股总体趋势使法国成为欧盟国家中非婚生子占新生儿比例最高的国家。

2009—2019年全法非婚生子数量及所占比例

这些摆在眼前的数据是否意味着以后缔结

婚姻也不再是生儿育女的首要条件,在未来人类社会发展下这两者之间也有可能不再构成必然的因果联系了呢? 对于思想自由的法国人而言,同居现象的增长和他们的社会、家庭文化息息相关,多数人接受调查时表明不会对非婚生子持有偏见态度,会在日常生活和工作中给予足够的隐私保护,在成长教育方面更是人人平等。这是法国家庭模式多样化的一次转变,他们赋予不同的人类群体生活上的宽容和支持,也是社会意识形态发展的一种进步。

非婚生子,脑洞大开

近年来,在欧洲的德国、意大利乃至亚洲的日本、韩国等一些发达国家,都出现了严重的人口老龄化现象。在适龄年纪内生育的年轻人越来越少,一些地区甚至出现了人口负增长的趋势,为此当地政府纷纷推出鼓励生育的政策,例如提高政府的生育奖励金、完善育儿福利相关措施,然而效果甚微。法国政府却没有这样的烦恼,他们的自然人口增长率远远高于欧盟国家的平均水平,其中大部分皆为非婚生子。除了之前所说的《法国民事同居协议》推动了一部分非婚生子的诞生之外,"Coparentalité"模式也贡献出了一分力量。

什么是"Coparentalité"模式?

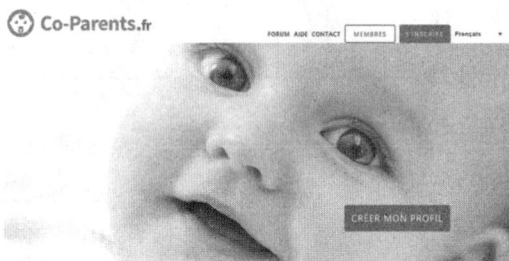

Site de rencontres pour devenir Parents

"合作父母"生娃模式

这是脑洞大开的法国人推出的"合作父母"生娃模式,无论你们是生活在一起的伴侣或是异地非伴侣,无论你是单身、已婚、离婚或是同性,在这个模式下都可以有机会养育孩子,这给奉行独身主义的人群及一些渴望抚育孩子的同性伴侣带来一丝希望。

法国专门建了合作父母的网站对这种模式展开了详细介绍,并为寻求合作父母的人们提供交流的平台。若双方均觉得条件合适便可签下协议,通过人工受孕的方式迎接新生儿的出现。对于有些人而言,这可比日常生活中挑选对象容易多了,特别是对渴望养育小孩但又不愿意为此步入婚姻或是寻找同居伴侣的独身主义者来说,无疑是条捷径。

当然,这种合作生育的模式在符合相关规定的范围内得到了法国的法律允许,但目前法国自身也在逐步完善这方面相应的法律法规,让这条道路日益光明,一方面为想要通过非婚姻关系养育子女的不同人群提供更多的渠道,另一方面也同步提高了国家的生育率。

不需要感情也不需要伴侣,直接以合作关系来抚育孩子,对此你又是怎么认为的呢?

相关法语词汇

mariage *n.m.* [marjaʒ] 婚姻;结婚

法:Le mariage est l'union de deux amants.

英:Marriage is the union of two lovers.

中:婚姻是两个爱人之间的结合。

allocation *n.f.* [alɔkasjɔ̃] 津贴;补助

法:Il existe aussi une allocation familiale complémentaire et une allocation pour parent isolé.

英:The state also provides a family subsidy as a supplement and a subsidy for single parent families.

中:国家也会发放一种作为补充的家庭补贴和一种用于扶助单亲家庭的补贴。

concubinage *n. m.* [kɔ̃kybinaʒ] 同居

法:Si du concubinage, naît un enfant, le droit à une pension alimentaire est également exigé après la rupture.

英:If the cohabiting partner gives birth to children, they must also receive alimony after separation.

中:如果同居伴侣生下子女,则在分居后也必须获得赡养费。

7.3 时常也爱追剧的法国人 *Visser devant la télé*

常有法语初学者对此迷惑不已:法国出产了如此之多的经典电影,但为什么从没听过出名的法剧呢? 我们在网上经常会看美剧、英剧、日剧和韩剧热播的新闻,对于热门的剧集随口都能说上三五个。人们聚在一起探讨最近大火的海外电视剧时,唯独很少提到法剧的名字。这让人不禁怀疑,生活中的法国人不爱看电视剧吗?

电视剧当然是法国人茶余饭后打发时间的一大利器。通过几项调查表明,除了吃饭睡觉,法国人坐在荧幕前收看电视节目的时长占据一天中最多的时光。无论是工作日下班横卧在沙发放松休息,还是周末在家消遣打发时光,选择打开电视荧幕来释放压力都是不少人的第一选择。

调查中还表明,法国人这几年最爱看的并非本土剧集,而是美国电视剧。向来紧跟社会节奏的美剧过于"横行天下",导致许多法国人纷纷抛弃法剧,开始对题材多样又新颖的美剧欲罢不能。

《男孩,女孩》第一季

为什么自家人制作的电视剧得不到大家的支持呢? 一些法国人认为法剧整体节奏偏慢,话题沉闷老套,题材不够有创意才惨遭"嫌弃"。看了第一集就能猜到结尾的法剧,远没有美剧的剧情来得刺激和反转,激不起观众的讨论度。但仍有一大部分法国人坚定地站在国内原创作品这边,认为法国电视剧自身的文化特色不能被淹没,法剧自身所带的民族风俗和语言特色需要传承,必须支持本土电视剧的发展。为了挽回观众的心,抢回大家手中的遥控器,这些年法国电视剧的导演们也绞尽脑汁,精心打磨了不少优秀的作品。

除了《男孩,女孩》(*Un gars, une fille*)、《总而言之》(*Bref*)这几部经典的微短剧之外,近几年频频有火爆的电视剧集不断被推出——

《办公室传奇》(*Le bureau des légendes*)在法国网站上获得网友很高的赞赏,主要讲述情报局从事间谍工作的人如何在多种身份中转换,面对危机从而化解危机,满足人们对这个神秘职业的想象。它不像美国好莱坞片子拍摄得过于戏剧化,它显得更为真实,受到法国观众的热评。

法国二台推出的《百分之十》(*Dix pour cent*)以巴黎为故事背景,以几个性格各异的经纪人之间的工作竞争串联起了法国影视界背后的故事。每季都邀请了法国大牌明星客串,一时之间受到几百万观众的追捧,毕竟谁不想看到法国婀娜动人的影后阿佳妮、于佩尔在这部电视剧里展现更加搞笑的一面呢?

《办公室传奇》

《百分之十》

当然也不乏古装剧,法国 Canal＋频道播放的《凡尔赛》(*Versailles*)号称是法国电视剧史上最贵的一部剧。这部剧以法国国王路易十四为时代背景,描绘这位君王如何加强政权建起华丽的凡尔赛宫,期间投入了巨大的资金用来完善服装和场景中的细节,整部剧画面精致、演员颜值俱佳。这是法国导演倾力打造与美剧《权利的游戏》和英剧《唐顿庄园》相抗衡的法国本土历史剧。

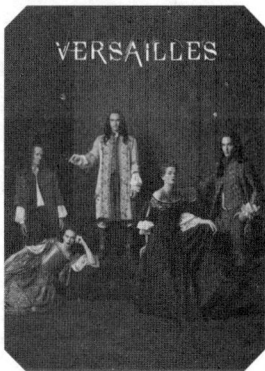

《凡尔赛》

近年来法国电视剧的思维也在随着社会话题及更高的立意进行转变,除了满足观众的好奇和带给观众娱乐性外,也立志带起一波对编剧所想传达的社会话题的讨论度。可别再说法国没有好看的电视剧了,打破这个误区,会发现法剧的精彩你远远想象不到!

法国的相亲综艺面面观

爱情、婚姻免不了是大众闲暇之时的热门话题。"相亲"也成为贯穿整个年龄段观众讨论的主题。

除了前些年火爆的《非诚勿扰》《爱情连连看》,我国最近几年还陆续推出好几档关心个人终身大事的情感综艺节目,无论是明星还是素人,在节目中坦言被催婚的压力也让不少网友纷纷表示感同身受,找到共鸣。

这些带有争议的话题吸引了大家眼球,博取了社会对婚姻话题的关注度。为了提高

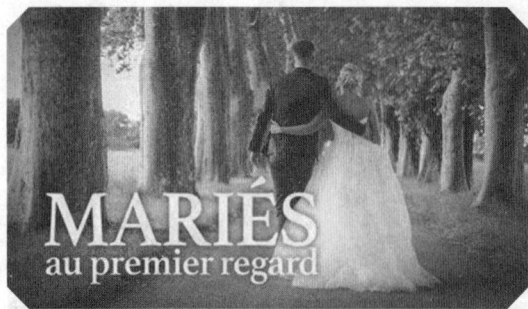

《第一次见面就结婚》

收视率,爱出新意搞怪的法国人也不甘落后,推出好几档吸引眼球的相亲综艺节目。

这部综艺名称翻译为《第一次见面就结婚》,从第一集开播到现在,收视率一直高居不下。第二季在播出时还获得同时段的收视亚军,吸引340万法国观众聚在电视机前观看。

究竟是什么因素能让那么多法国人追着这个节目不放呢?节目组找了多位心理学、社会学、性学专家,搬出"经过数据算法的科学论证,我们比你更了解谁能让你一见钟情"的噱头,运用大数据来统计配对指数,选取匹配指数高于80%的男女,邀请他们参加节目。

配对成功之后的双方会在见面时直接领证——也就是说他们第一次见面,就是在双方亲人的见证下,在市政厅举办婚礼仪式,先婚后爱。如果在婚礼上觉得对方不合适,也可以当场选择分开。

根据所谓的"科学选择"配对,就能找到所谓的"真爱"了吗?

截至节目第四季,我们来回首前几季中的嘉宾们后续如何——

第一季(2016年):节目组选择了匹配率最高的4对情侣,其中2对在婚礼当天见到对方就选择放弃,另外2对结婚后不久因性格不合离婚收场。

第二季(2017年):节目组选择的5对情侣纷纷顺利结婚并表示满意,但好景不长,一年后这5对纷纷离婚。

第三季(2019年):选择的6对情侣到最后,只剩下一对没有离婚。

看到这里,是不是觉得这种利用大数据匹配对象的方式似曾相识呢?当今不乏有些国内的婚恋网站、婚恋交友APP也是采取这种匹配方式给单身男女寻觅对象。

换做是你,你会接受吗?

《爱在农场》

《爱在农场》这部相亲综艺从2006年开播到2019年12月完结,历经了14季,成功配对65对情侣,54个孩子已出生。这部综艺曾经制造过多火爆的话题呢?当年如果在法国路上遇到无话可聊的法国人,顺口问句"这周的《爱在农场》你看了吗?你觉得Thierry怎么样?"保准能瞬间打开聊天话闸,热烈讨论半小时。

这个节目和其他相亲节目最大的不同之处在于录制场地不在摄影棚内,而是深入法国各处农村,探寻大自然风光。主持人到访征婚的农民朋友家,全方位拍摄农场主的农场、动物、房子、家庭情况,然后坐在风光旖旎的农场里,让单身农场主敞开心扉聊聊自己,顺便提提对心仪对象的要求。

来征婚的单身农场主,男女老少高矮胖瘦都有,年龄跨度从20岁到60岁不等。电视机前的观众可以根据节目放送,给自己倾心的农场主写信,农场主会从中挑选10封中意的信件并前往巴黎与其见面。之后,他会继续深入选择出最合适的两位,邀请共去农场住上一周,加深互相的了解。节目最后,每个农场主会告知他最后的情感结果。

这个节目之所以那么火,主要原因就是符合了法国人对农民的好奇心。有些法国人认为他们眼中的农民很有钱,有田地、农场,有牛羊也种植葡萄,属于不愁吃穿的社会阶层。但正因为法国农民能够实现自给自足,日常生活相对大城市则更加闭塞,按照我们的说法,农民中的"剩男剩女"也就出现了,婚姻大事因此也成了他们的一个难题。《爱在农场》节目的孕育而生,不仅能给单身农场主解决终身大事,还能满足法国人窥探农民生活的欲望。当然,应征者之间形形色色的奇葩故事,也不断制造了社会话题的讨论度,让节目组赚够满满的收视率。毕竟人人都爱看八卦,法国人也不例外!

对于电视机前的观众而言,真人秀综艺倒也不可完全当真,毕竟娱乐性才是综艺节目力求的关键所在。普通人还是要拥抱现实生活,才能更好地充实内在,找到属于自己的感情寄托。

你还看过哪些具有话题性的法国综艺节目呢?

法国年轻人还会追中国电视剧?

相关法语词汇

série *n.f.* [seri] 系列；连续

法：Merci beaucoup d'avoir regardé cette série américaine!

英：Thank you very much for watching this American Series!

中：非常感谢你看了这部美剧！

programme *n.m.* [prɔgram] 程序表；节目单；节目

法：Comment tu trouves les programmes de cette chaîne?

英：What do you think of the program on this channel?

中：你觉得这个频道的节目怎么样？

documentaire *n.m.* [dɔkymɑ̃tɛr] 纪录片

法：Cette chaîne est très variée, mais on voudrait seulement regarder un documentaire sur les animaux.

英：This channel has a lot of programs, but we just want to see a documentary about animals.

中：这个频道的节目很丰富，但我们只想看一部关于动物的纪录片。

🗼 7.4 吸烟——法国人的社交通行证 Le tabac, c'est la carte sociale

在不少经典电影场景中,都能看到法国男女在交谈之间伸手熟稔地点燃一根烟,姿势帅气,举止优雅。离开电影镜头,在日常生活中也能发现法国人抽烟的现象特别普遍。咖啡馆外的露天座位、餐厅门外、马路或是地铁站边,都能看到人人手上都拿着一根香烟。吸烟这件事仿佛已经深深埋入法国文化之中。

那么,法国人究竟有多爱吸烟?

根据法国公共卫生部2019年提供的数据显示,走在街头每10个法国人中就有3个吸烟者,所占比率为30.4%。和我国相比,虽然中国是世界上最大的烟草生产地及消费地,但人口基数较大,吸烟人数在总人口中的比例只约为27.7%。

根据数据统计,法国吸烟者每天平均能抽12.5支香烟,其中男性每天为13.5支香烟,女性为11.4支香烟,两者之间数值几乎不相上下。这也直接说明了在法国,吸烟并不是男性独有的权利。

法国女性也爱抽烟吗?

在前几个世纪之初的欧洲,香烟被视为男性身份地位的象征,并成为艺术主题的表现之一。当时非常流行在画作中加入烟草元素,画中男性时不时抽着烟斗以示其尊贵的地位及生活状态;而女性则正相反,时常会被描绘为烟馆狡猾多疑的老板娘或是为客人卑躬屈膝的妓院老鸨,形象龌龊不堪。社会舆论认为,男性在沙龙、图书馆、房间内吸烟是他们独有的社交方式,并不属于女人。若有女性吸烟,则会被扣上叛逆、伤风败俗的帽子,被世人所耻笑。作为崇尚自由、平等和博爱的法国女性来说,这无疑是性别上的偏见和歧视。

扬·斯特恩的作品《放纵的效应》

19世纪中后期,女权运动兴起,许多性别意识觉醒的女权主义者开始将女性可否抽

乔治·桑(1804—1876),法国小说家

烟纳入争取地位平等的一部分。她们认为女人倘若能胜任男人的工作,那么同样应当享有与男性一样的社会待遇。与此同时,众多艺术家、作家名人纷纷加入支持的行列,法国著名女作家乔治·桑认为吸烟的女性形象代表了女人拥有独立思考的能力和自由,为此她穿起男装,抽起雪茄,向这项传统女性禁忌发起了挑战。

作为女性平权运动的先锋,法国女性经过激烈的社会抗争,成功在香烟上消除了只属于男性的印记,获得了女性抽烟地位的平等。以至于在今天的法国,我们随处可见手夹香烟的干练女性,这抽的不仅是一口烟,更是女性社会地位的胜利。

从年龄分布上来看,当今的年轻人已经成为法国吸烟群体中的主要组成部分,未成年吸烟群体尤其不可忽视。根据法国的一项调查报告显示,16岁青少年群体抽烟人数比率高达38%,在欧洲国家青少年抽烟比率中位列第一。这项数据让人对法国青少年吸烟现状感到担忧,未成年人与香烟之间的密切联系变成了不容小觑的社会问题。

为什么抽烟的法国年轻人越来越多?

每逢课间休息和放学时分,经常看到一群学生聚在走廊,低头一起吞云吐雾,抑或在自动贩卖机边上边买咖啡边熟练地叼起一根烟提神。这种现象并不是个别案例,而是存在于众多法国校园之中的群体现象,一些学校甚至会为此在校园内增设专门扔烟头的垃圾桶。对于年轻人而言,聚众吸烟除了能追求当下社会的刺激感,还蕴含着另外一层含义:香烟社交。在这样的小团体中,往往抽着烟就能闲聊一些小道消息,拉近彼此之间的距离,仿佛无形之中多了一层亲密的关系。有些年轻学生为了打入这样"称兄道弟"的圈子,在从众心理的驱使下也会纷纷加入吸烟行列。

未成年人还在成长期,心智发育尚未成熟,很容易被诱惑进这样的"吸烟圈子",那么成年人也会吗?

答案是——他们也会!

公司午休时间,三五成群的职员会聚集在露天的角落聊天,手指之间都夹着一根冒着袅袅烟雾的香烟。对于一些刚进公司的新职员,递上一根烟就找到了打破尴尬聊天的突破口,快速融入新的工作环境。走在街头,偶尔会被陌生人友善拍一下肩膀并比一个手势,这往往是在搭讪借根烟。这种情况并不意外,毕竟在法国香烟的售价较为高昂,有些人会因此无法负担而出现自制卷烟或是直接借烟的现象。法国的成年人认为,吸烟不仅可以在一定程度上缓解压力,还能改善社交的焦虑,更加舒适地融入社交圈中。

来看看这些法国人是怎么说的——

Léon（47岁）：我从16岁就开始抽烟了,放学后和朋友们抽根烟几乎是我们那群人都会做的事。当时没有足够的生活费可以持续消费盒装烟,大家都是直接购买烟草,自己卷烟抽。到如今,吸烟已经成为我生活的乐趣之一,也是朋友间聚会的一部分,每天都无法离开它。

Patricia（32岁）：我在高中养成了吸烟的习惯,但如今我不得不尝试戒烟。医生告诫我若还保持目前的吸烟习惯,会面临呼吸衰竭的危险,为了健康我别无选择。经历了一系列电子烟、尼古丁贴片和口香糖的尝试后,我发现我的嗅觉正在慢慢恢复,闻到面包房传来的香味时,充满幸福感。

Sylvie（28岁）：日常生活中我偶尔吸烟,但我没有严重的烟瘾,上班时和同事们聊天,或是闲暇时光在露天咖啡座上和朋友见面时会来一根。当我有了孩子后,意识到很多情况下他变成了二手烟的受害者,我就开始有意识地控制吸烟次数。我觉得有规律的运动,比如游泳、跑步、跆拳道在某种程度上可以转移注意力,抑制烟瘾。

"不,我们反对吸烟!"

法国政府对此保持怎样的态度呢?

法国人那么"肆无忌惮"地吸烟,引起法国政府对国民健康的重视。政府并不是没有任何作为:早在1976年,《韦伊法》（La loi Veil）就要求在香烟外包装之上必须注明"吸烟过量影响健康"的字样;在1991年的《埃万法》（La loi Evin）中指出在公共活动场合禁止吸

中性烟草包装

烟。2003年,政府出台明确的法令禁止向不满16周岁的年轻人出售香烟,并且在2009年时把不满18周岁的年轻人列为禁烟对象。然而,后几项政策出台后影响力甚微,并没有起到良好的劝诫效果。根据几项调查显示,依然有很大一部分的香烟零售商会向未成年人出售烟草,未成年人仍然可以通过各种途径渠道获取香烟,这不禁让人民群众质疑这几项政策的执行力。

从2013年起,法国政府宣布实施一系列的反对吸烟的战略计划,旨在对抗烟草带来的健康问题和环境问题。为了维持城市清洁及纠正烟民四处乱扔烟头的坏习惯,从2015年开始,如若发现随手乱扔烟头,将会遭受每个烟头68欧元的罚款。2016年,法国持续发起加强版的反对吸烟运动,在2017年1月1日,法国引入中性烟草包装。这种新推出的中性烟草包装抹去了以往包装盒上精心撰写的推销文字及品牌形象介绍,而是具有相同的形状、规格、颜色和字体,并用60%的外包装面积来标识新的视觉健康警告,重点突出了吸烟的危害。中性烟草包装标准化的目标之一便是希望减少烟的吸引力和不正常化,从而降低吸烟率,尤其针对对烟草营销特别敏感的12至17岁范围内的未成年人,意图从烟盒包装的改变上"破坏"吸烟对他们的吸引力。

法国烟草信息服务网站

推出这项政策一年后,相关研究机构进行了新一轮的调查。受访的年轻人表示相比于过去,更加意识到吸烟对自身和他人的危害性(83.9%相对于2016年78.9%),并更惧怕吸烟带来的不良后果(73.3%相对于2016年69.2%),他们不再多提及自己的朋友或家人喜爱吸烟(16.2%相对于2016年25.4%,11.2%相对于2016年24.6%)。与2016年相比,2017年的年轻吸烟者对烟草品牌的依恋也开始逐步减少(23.9%相对于2016年的34.3%)。这足以说明,这项措施明显地降低了烟草对于年轻人的吸引力,印证了这项措施的有效性。

法国政府还成立了烟草信息服务网站,用来引导烟民注重健康问题,宣传吸烟危害及戒烟的好处,成立互帮互助行动小组为有意愿戒烟的人提供咨询建议,从中体现了法国政府对于改善国民吸烟状况的决心和坚持。

除此之外,基于致力于减少和控制吸烟人群的考虑,法国政府一直在持续调整香烟的单价,通过大幅度提高香烟价格来有效地控制烟草的消费量,旨在用调高的烟价劝退一部分烟民,避免更多人死于与吸烟有关的疾病。

为了进一步劝说吸烟群体,法国政府紧接着设置"无烟月",在每年的11月鼓励大家放下手中的那根烟,享受无烟的美好生活;自发成立的民间戒烟组织会向戒烟群众提供免费的援助支持,例如提供戒烟专家热线,通过发放免费的烟草替代品来抑制烟民的消费欲望。

伴随着政府及民间力量所做出的努力,越来越多的法国人意识到了吸烟的危害。2019年1月法国公共卫生部发布的一份报告指出,法国人口吸烟率从2017年起出现转折,近20年以来首次出现吸烟人口明显下降的趋势。这是属于反对吸烟人士的伟大胜利,具有里程碑式的纪念意义。

连以"欧洲老烟囱"出名的法国都已开始轰轰烈烈地反对吸烟运动,这更加说明烟草对我们身体的负面影响。无论在法国还是中国,吸烟不仅对自身健康及意志造成伤害,还会给周围的人和环境带来困扰,不值得提倡。

为了提醒大家重视自身及他人的健康,社会所有人士共同呼吁——远离烟草,从我做起!

相关法语词汇

fumeur,se *n.* [fymœr]抽香烟的人,烟民,吸烟者

法 : Depuis le début des années 90, le pourcentage des fumeuses et des fumeurs est presque identique.

英 : Since the early 1990s, the proportion of female smokers and male smokers is almost the same.

中 : 从20世纪90年代起,女性吸烟者和男性吸烟者的比例几乎持平。

interdire *v. t.* [ɛ̃tɛrdir] 禁止;制止;阻挡

法 : Il est interdit de fumer dans l'avion.

英 : Smoking is forbidden on the plane.

中 : 飞机上禁止吸烟。

mineur, e *n.* [minœr] 未成年人

法：Le tabac entraîne des consequences sérieuses chez les mineurs.

英：Smoking has serious consequences for minors.

中：吸烟对未成年人造成严重的后果。

🗼 7.5 去法国留学！Études en France

　　提起去国外留学深造，人们最先想到的都是以英语为母语的留学大国，例如美国、英国和澳大利亚。作为相对小众的留学意向国，法国并不示弱，这几年以不可抵挡的优势成为海外留学生的最佳选择之一。

　　选择前来法国留学的理由众多：法国文化深厚又自带得天独厚的艺术影响力，是服装设计、音乐美术等特长生的理想游学之地；百年传承的蓝带久负盛名，吸引西餐研习者纷纷前来进修；稳定高质量的商科院校更是法国留学专业中的一大热门，是商业人才的主流研修方向。

　　法国的教育体制与我国有所区别，它的基础教育分为3个等级：小学5年、初中4年和高中3年；高等教育则涵盖了本科3年、硕士2年和博士3年。在开启深入的学习生涯之前，要根据自身特长，规划好未来的职业生涯发展，选择适合自己的学府。

Système éducatif français			中国教育制度		
Âge	Degré-niveau	Classe	年龄	学校	年级
3	Maternelle (3 années)	Petite section	3	幼儿园 (3年)	小班
4		Moyenne section	4		中班
5		Grande section	5		大班
6	Élémentaire (5 années)	Cours préparatoire	6	小学 (6年)	一年级
7		Cours élémentaire 1er année	7		二年级
8		Cours élémentaire 2ème année	8		三年级
9		Cours moyen 1er année	9		四年级
10		Cours moyen 2ème année	10		五年级
11	Collège (4 années)	6ème	11		六年级
12		5ème	12	初中 (3年)	初一
13		4ème	13		初二
14		3ème	14		初三
15	Lycée (3 années)	2ème	15	高中 (3年)	高一
16		1er	16		高二
17		Terminale	17		高三
Le Baccalauréat			高考		

中法教育制度对比图

　　法国的大学那么多，该怎么辨别呢？

　　在高等教育体系中，学校总体被分为三大类：综合大学（universités）、高等专业学院（grandes écoles）和高等专科院校（écoles spécialisées），这三类院校并不存在高低优劣之分，而是针对受众群体的不同，培养目标、教学方针和课程设置会有所侧重。

　　欧洲最古老的大学之一在12世纪建成于巴黎，如今法国的综合性学校正是

巴黎索邦大学

以巴黎地区的大学为首,尤其是索邦等公立大学,历史悠久,具有深厚的人文底蕴。法国综合大学的在读人数在高等教育人数中占比最多,涵盖的学科领域最为全面;高等专业学院包括了高等商学院、工程师学校及高等师范学校,门槛较高,需要通过入学考试来筛选、培养专一领域内的精英人才;高等专科院校则大多在艺术类、建筑方面有所建树,以私立院校为主。

听听这些在法国读书的海外留学生们有什么看法——

Jun:我在国内就读法语专业,毕业后进入法国某所公立大学对外法语专业,我的同学们也有选择法国文学或是应用外语专业,这是我们法语语言类学生最倾向于选择的深造领域。法国综合大学的历史悠久,在欧洲乃至世界都很出名,对于我们语言文学类学生来说,无疑是不二选择。但是学校的要求相应也会比较严格,每学年都会有成绩上的考核标准,若不符合分数要求则会被要求重读。我准备在硕士毕业后继续申请博士,跟随导师继续深入研究语言学。

David:我在高中时期就已经打算出国留学,选修的第一外语就是法语。留法第一年我先读了预科,着重巩固提高自己的语言能力,融入当地生活圈,最后成功申请到一所私立的艺术学院。我对环境设计这块非常感兴趣,我所就读的学院和当地法国企业有校企合作关系,给我之后的实习、就业提供了很大帮助。

暑假打工的留学生

Jessica:我毕业于一所实力还不错的大学经济类本科,在准备留学期间查阅资料时得知法国商校质量不错,于是动了念头申请到一所法国高商的研究生课程。我就读的Grand école项目在学业第二年需要学生留在法国或是别的国家进行一年制的实习,直到第三年回校最终拿到硕士学位。在实习期间,我通过线上申请、面试顺利获得了法国一家知名银行的实习名额,期间收获了许多行业经验,认识了许多业界大拿,我觉得非常有收获。

法国部分私立院校的学费昂贵,留学生们也会选择在课余生活寻找兼职,打工贴补生活。在法国,规定学期内的留学生每周最多有7～15个小时的打工时间,在学年假期内可以进行一年不能超过3个月的全日制工作。这对于部分想自力更生的留学生来说,是赚取下学期学费的绝佳时机。像暑期,不仅是旅游的高峰期,也是临近葡萄收割的季节,不少留学生会在这个时间段应聘季节工,一边赚取工资,一边提升自己的法语水平。

在日常生活中,留学生会去寻找哪些兼职机会呢?

Lisa: 我在法国就读教育类专业,大二时在法国地区大中学生事务管理中心(CROUS)所提供的兼职信息中找到一份法国小学课外活动辅导员工作,时薪大约30欧元,主要负责组织和陪同小孩子们玩耍。最初这是一份艰难的挑战,但对于热爱孩子的我来说,在逐渐适应后获得了满满的充实感,让我非常开心!

Les services de la vie étudiante
C.R.O.U.S.
学生事务管理中心

Chen: 我在公立音乐学院研修小提琴专业,如今已是第四年。在学院教授的热心介绍下,周末我会去当地华人家庭教孩子小提琴,同时也应家长的要求,帮忙辅导这些华裔孩子的中文,提高他们的汉语交流水平。在锻炼自己专业技能的同时还传播了中国传统文化,个人觉得非常有意义。

Hélène: 课余时间我都是在餐厅兼职做服务生,负责接订餐电话或是打包外卖,老板给的是法国规定的最低法定工资(SMIC:Salaire minimum interprofessionnel de croissance)。有一年暑假我得到一个罗浮宫暑期工的机会,提供的兼职岗位有卖票收银、杜乐丽花园安保、引导游客人群、看守各个展馆等等。我们所有人都是来自不同学校的学生,大家凑在一起工作很热闹。最后拿到手有将近2000欧元,这笔收入让我记忆深刻。当然,这份兼职比较看重应聘者是否掌握多种语言的技能,以便应对来自全世界各地的游客咨询。

法国学费有多贵?

中法建交50多年以来,文化教育交流一直是两国互相合作的重点组成部分。随着两国经济互动越发频繁,更进一步推动了中国留学生赴法学习的新驱势。自2015年以来,中国留学生已经成为留法外国学生的第一大群体,活跃且充满生机的学生交流也正是两国信任合作的良好体现,为中法友情增添绚丽的色彩。除了拥有历史悠久的古老院校之外,法国的学费低廉也是吸引留学生赴法的重要原因。

法国普通大学的学费真的有那么便宜吗?

巴黎高等商学院

事实上,法国公立大学不收一分钱学费,每年只收取学生的注册费用。法国学士及硕士文凭每年的注册费仅为两三百欧元,而且本国学生与外国留学生之间不设差别。换算成人民币只有几千元上下的注册费,和其他国家巨额的留学费用相比,这能让人不心动吗? 这极高的性价比无疑吸引了众多热切的目光,每年有超过1万人的中国留学生选择赴法留学。

然而,在2018年11月19日传来令人措手不及的消息,宛如一颗重磅炸弹——时任法国总理爱德华·菲利普在法国大学教育会议上宣布,从2019年9月秋季学期开始,非欧盟的留学生在公立大学本科阶段的学费增至2770欧元,硕士研究生阶段增至3770欧元!

面对引起哗然的社会各界,他给出了以下几点理由:

1. 法国公立院校学费便宜,给海外众多留学生留下教育质量不佳的大众印象。

法国政府认为,高额的学费并不会影响名校的招生能力,也不会削弱名校的世界吸引力。以法国的巴黎高等商学院为例,作为一所享誉世界、培养商界精英的私立院校,个别项目的学费高达数万欧元,但每年生源依然源源不断。拥有高教育质量的公立大学没有理由维持低廉的学费,应与私立院校缩小学费之间的差异。

2. 世界上许多国家都采用了差异化的学费策略。

在欧美部分国家,高校收费都采取差异制,本国学生和国际学生的学费存在天壤之别。例如留学产业发达的美国、加拿大、英国,国际生缴费标准是本国生的数倍,并且在不同学科上也有较大的收费差距。法国总理认为,这一举措有利于保护本国学生的教育资源,毕竟本国学生的家庭在当地工作缴税,资源更应向其倾斜,从根本上保证公平性。

部分法国居民和政府持相同意见,他们认为法国公立大学学费上涨并非毫无根据,收取费用上涨也是为了给留学生提供更好的福利。但这一学费暴涨的措施更多的是引发了留法学生和法国教师的强烈反对。他们认为这是在剥夺非欧盟学生在法国接受高等教育的权利,部分高校联合发表声明拒绝配合,全国学生联合会、法国工会也纷纷发起抗议游行,申明站在这一决策的对立面。

学费暴涨在短时间内惹上大规模的社会争议,不过在同一时间法国政府还推出了一些用于弥补的优待政策:政府依然承担着实际教育成本的绝大部分,并且在住房、医疗、交通方面提供相比之前更多的补助津贴,留学总成本仍会远低于全球范围内其他留学热门国家。

对于法国政府涨学费的行为,你是怎么认为的呢?

关于法国学费暴涨那些事儿

相关法语词汇

étranger,ère *a.* [etrãʒe, -ɛr] 外国的;别国的

法:En tant qu'étudiant étranger en France, je choisis de travailler en vacances d'été.

英:As a foreign student in France, I choose to work in the summer vacation.

中:作为在法国的外国学生,我选择在暑假兼职工作。

inscription *n. f.* [ɛ̃skripsjɔ̃] 注册;登记;录入

法:Quand commence l'inscription universitaire pour l'année prochaine?

英:When will university registration begin next year?

中:明年的大学注册什么时候开始?

apprendre *v. t.* [aprãdr] 学习,学;记住

法:Il a pris le français en option pendant 4 ans.

英:He chose to study French for four years.

中:他选修了四年法语。

Chapitre 8

关于工作那些事儿
Pour parler affaires

🗼 8.1 法国年轻人，就业不稳的一代 Les jeunes Français, la génération précaire

　　无论刚进校之时还是毕业招聘季节，面对着年轻一代，都会问一个耳熟能详的问题：你未来想要做什么？你想从事哪方面的工作呢？

　　除了个别精确的答案之外，得到绝大多数的回答常常都是"我不知道自己想做什么，我只知道自己不想做什么"。

　　在现代社会，年轻人所背负的经济压力越来越沉重，掌控好自己的生活也变得没有那么容易。这并不意外，法国的年轻人也一样。面对就业，他们会焦虑不安，会迷茫失措，作为社会中心的独立个体，需要有极强的社会适应力去应对不可知的未来。

法国年轻人就业困难

　　根据法国2019年一项研究统计表明：在法国，25岁以下的青年群体中，有将近一半人在毕业后无法顺利就业、进入职场，还有相当一部分的人在抗拒和疏离劳动力市场。而在欧盟统计局2018年发布的一项报告中指出，法国有将近96.3万16～25岁的青年人群属于特别的"尼特族"。

什么叫"尼特族"?

"尼特（NEET）"这个词最初来自英国。在2010年，"尼特"这个概念成为欧洲联盟委员会官方统计指标。它由几个英语单词的缩写所组成，指不进修（education）、不就业（employment），也没有职业培训经历（training）的一类人群。

这部分人群常常处于学校毕业后、踏入职场前的中间期。其中，少部分"尼特族"是拥有本科学士学位的人群，往往只是为了在重返校园获取更高文凭之前，找一些非正式的工作作为过渡。而低学历人群在"尼特族"中所占比重较高，他们在结束中学教育之后，只有大约1/3的人会继续考取职业教育文凭，选择深层次学历进修的人更是少之又少。这类群体是"尼特族"中最主力也是最"脆弱"的代表人群，他们在面对就业问题时的压力更大，机会也相对更少，会引起更多的社会关注。

法国政府为了促使这部分年轻人走出就业困境，从2014年起推行"青年保障"政策，开放相关的进修培训学校，为他们提供就业培训、经济补贴等相关保障措施。然而这一类群体数量过于庞大，最终效果并不明显，后续相关政策还在持续推进。

根据法国国家统计及经济研究所（INSEE）统计的1975年至2019年失业率数据可知，在法国，15～24岁年轻人的失业率高达19.6%，远远高于其他年龄段的失业率（25～49岁为7.8%，50岁以上为6.3%）。

从2003年至2020年第二季度的就业率中可知，2020年第二季度法国总体就业率处于下降阶段，15～24岁阶段的

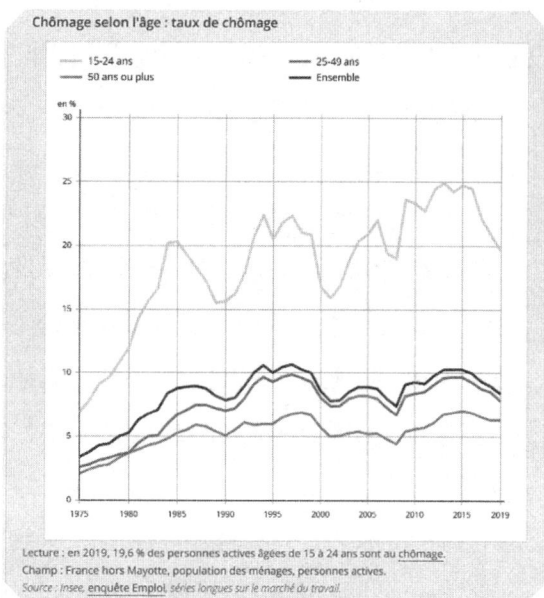

Chômage selon l'âge : taux de chômage

Lecture : en 2019, 19,6 % des personnes actives âgées de 15 à 24 ans sont au chômage.
Champ : France hors Mayotte, population des ménages, personnes actives.
Source : Insee, enquête Emploi, séries longues sur le marché du travail.

1975—2019年全法失业率

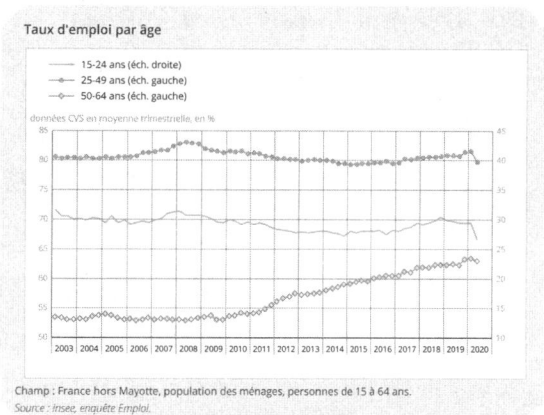

Taux d'emploi par âge

Champ : France hors Mayotte, population des ménages, personnes de 15 à 64 ans.
Source : Insee, enquête Emploi.

2003—2020年全法就业率

年轻人的就业率下降尤其明显,仅为26.6%,是自1975年以来年轻人就业率达到的历史最低水平。

从校园的象牙塔进入社会后,许多法国年轻人发现理想中的工作与现实存在一定的差距,找到合适自己的职位需要不断地尝试。毕竟,并不是所有人都可以单纯为了理想而工作,对于普通人来说,工作已然变成了一种保障生活的手段,是维系自己在社会上生存的工具。

2020年疫情影响当下,首先被影响到的就是就业机会的减少,青年群体的就业问题又成了社会上的一大焦点。许多法国年轻人不得不面对毕业即失业的窘境,年纪不到25岁的毕业生,甚至无法领取政府发放的积极互助收入津贴(RSA),而没有以往缴税记录也就没有领取失业补助金的资格,这一度让法国年轻人对就业产生悲观的情绪。

关于就业,听听他们怎么说——

> **Yves:**我就读巴黎某高校的审计专业,毕业后也加入了应聘大军。但是工薪待遇较好的公司往往招聘条件非常严苛,招收有相关从事经历的应聘者或是专业领域内的精英人才,我们往往只能被接纳为工资低廉的实习生,转正的概率非常低。
>
> **Antoine:**今年初,我考出了飞行员驾照,本应是一件值得庆祝的事情。但是突如其来的疫情重创了全世界的航空运输业,各大航空公司不仅推迟招聘,甚至都在纷纷考虑裁员。在完成梦想之前,我需要维持生活,先暂时转行应聘了空中交通管制培训员的岗位,等待机会出现的那一天到来。
>
> **Paul:**我从2018年职业高中毕业后就从事餐饮相关工作。今年各大酒店餐饮业因疫情受到很大的影响,餐馆收入不佳被迫关门歇业。我失去了收入来源,生活压力剧增,不得不退掉市区租住的房子,重回爸妈家居住,寻求经济帮助。
>
> **Julie:**我在一家活动筹划机构工作了一年,但因位这家公司财务收支难以维持平衡而被告知需要离职。我用了一个月时间寻找新工作,尽管我拥有硕士文凭,面试了不下10次也一无所获,和我处于一样境地的人太多了,竞争变得十分激烈。

面对当下年轻人就业的这番艰难处境,法国政府公布了为期两年的"青年计划",投入65亿欧元来"拯救"由于新冠肺炎疫情导致的青年就业困难问题。这个计划分为3方面内容:

1. 鼓励企业雇佣25岁以下的年轻人,政府为其降低成本,提供经济补贴方面的援助。

2. 引导20万名年轻人接受优先领域的职业培训,包括生态转型、数字化、医疗卫生等行业。

3. 出台相关政策帮助失业青年再就业,例如新增30万个针对再就业青年的岗位等。

除了政府的补助之外,年轻人还有哪些出路呢?

许多法国年轻人不甘心自身价值在找工作的过程中被"抛售",选择了回到校园继续求学深造。常言说,多读书就多一条路,而学校也像是一座暂时的"避难所",除了能在一定的时间段内避免就业困扰之外,还可以提升自身的能力和专业素质,对于日后的工作范围也可以拥有更主动的选择权。这对于我国踏上就业之途的年轻人来说,同样具有参考价值,值得引起深思与讨论。

对此,你持怎样的立场来看待这个问题?

用工歧视,无所不在吗?

在法国,年轻人就业难,除了本身能力、个人学历的内在因素之外,还承受着雇佣方的就业歧视。许多法国年轻的求职者在前期这段不稳定的劳动合同阶段,往往扮演着实习生或是半工半读的角色,企业会和他们先签订短期劳动合同(CDD:contrat à durée déterminée),在此期间内对他们进行全方位的考察,然而在完成实习期或是半工半读阶段后,能和招聘公司续签长期劳动合同(CDI:contrat de travail à durée indéterminée)的寥寥无几,远远低于德国、荷兰等欧洲国家。

长期工作合同难上天,这是为什么呢?

根据相关调查显示,法国企业管理者和人力管理层对如今年轻的毕业生还存在着刻板印象:他们认为,虽然年轻人更具有创造力,能够同时胜任多个任务,但是也更在意个人生活和工作之间的平衡。较为年轻的毕业生对于工作待遇、工作氛围有过高的期待,更崇尚个性化,对于等级制度缺乏基本的尊重,融入工作团队相对更需要一定时间的磨合。因此,他们在筛选简历时,更偏爱拥有相关工作经历、有可靠工作记录的应聘者,甚至愿意用更高的薪水录用他们,而不愿意用低廉的薪水去接收一个青涩的应届生。

大部分情况下,他们倾向于每隔一年频繁地更换签订短期劳工合同的实习生或是半工半读生来解决招聘这个问题,但这往往会陷入一个恶性循环的怪圈——年轻人频繁找

巴黎郊区青年

实习是因为找不到正式工作,而找不到正式工作是因为另一部分人愿意以实习生的身份做正式工作的活。

企业对于刚进入社会、缺乏工作经验的年轻人有年龄及资历上的偏见,只是用工歧视中的一小部分。尽管法国的宪法保障公民在法律面前人人平等,并且有多条法律条文明确指出了歧视违法,然而因为法国历史、文化、宗教、经济等多种因素的影响,在现实生活中又是另一番境遇:文凭、个人能力相同,但并不能公正平等地被对待,还会因性别、肤色、种族、宗教信仰、身体缺陷、性取向或是政治立场而导致差别待遇。这些现象普遍存在,屡见不鲜,甚至在全球都具有普遍性。

有些传统公司并不看好出生于郊区的年轻人,认为他们整天游手好闲,品行令人担忧;有些公司固守保守派思维,殖民时代的偏见依然被带入招聘就业问题之中,尤其是面对种族问题。根据法国国家劳动技能研究中心的许多报告显示,在法国的非洲裔失业率高出国家平均水平好几倍。

对此,法国郊区的年轻人同样也有话说——

Brian: 我今年22岁,已经花了好几个月的时间去寻找一份全职工作,但是结果依然不如人意。有时候甚至怀疑有些公司在故意回避我,因为从简历所提供的信息中能看出我来自巴黎十九区。我无法理解在同等条件下为什么别人可以胜任,而我不可以,我希望能和其他人一样拥有公平竞争的机会。

Passouf: 我来自阿尔及利亚,一家子都住在巴黎郊区。现在找工作实在太难了,我起码投出了100份以上的简历都没有回音,断断续续已经好几个月都没有收入来源,在走投无路之际,接到了我现在公司人力资源部打来的电话,他们正式聘用了我。我司的上班

HALDE **08 1000 5000** **www.halde.fr**
Haute Autorité de Lutte contre les Discriminations et pour l'Égalité
Liberté · Égalité · Fraternité
RÉPUBLIQUE FRANÇAISE

提供法律支持的高级监督机构

氛围轻松,思想开放活跃,在这里我工作得很快乐。

　　Béatrice:平日找工作就够费劲了,往往都是经历短暂的聘任之后就让我离开了工作岗位。现在除了一份清洁工的工作愿意录取我之外,没有其他更合适的工作机会了,一整个家庭都靠我和我丈夫的短期工养活。

　　为了给那些受到歧视的受害者提供法律支持,2004年,法国成立了打击歧视维护平等高级监督机构(Halde)。它拥有随时抽查企业歧视现象的权利,为受歧视者提供法律方面的咨询与援助,为打击就业歧视现象做出了一定程度的贡献。当然,歧视现象并非是制定法律或是设立机构就能轻易解决的问题,这一征程依然长路漫漫,需要大众舆论的监督和所有人持之以恒的努力。

相关法语词汇

chômage *n.m.* [ʃomaʒ] 失业,无工作;停工停产

法:Cette année, les chiffres du chômage ont constamment augmenté.

英:The unemployment rate has risen steadily this year.

中:今年失业率稳步上升。

employer *v. t.* [ãplwaje] 雇佣;聘用

法:La société a été créée en 2002 et emploie actuellement 57 personnes.

英:The company was founded in 2002 and it employs 57 staff.

中:本公司成立于2002年,现有员工57人。

stagiaire *a.* [staʒjɛr] 实习的,见习的;培训的

法:Il est stagiaire dans une maison d'édition, il est fort occupé.

英:He is very busy as an intern in a publishing house.

中:他是一家出版社的实习生,工作特别繁忙。

8.2 备受法国人青睐的本土企业 Les entreprises françaises

法国运动品牌迪卡侬

根据法国《星期日周报》公布的由法国金融顾问咨询公司 Eight Advisory 与民调机构 Ifop 推出的 2020 年最受法国人欢迎的企业榜单中,法国本土运动销售品牌迪卡侬(Décathlon)稳坐第一的宝座。

事实上,这并不是迪卡侬第一次位居首位。作为一家综合性体育用品量贩专卖店,迪卡侬商品种类繁多,拥有自有品牌的产品线,几乎涵盖了上天入地所有体育运动系列产品,做到了最大限度的品牌自由。加上商品性价比高,对于热爱运动的法国人民来说无疑是采购天堂。它揽获了上至年长者、下至年轻人的喜爱,初学者和专业运动者都可以在这里找到适合自己的运动装备。

法国汽车巨头标致雪铁龙集团下的子公司标致(Peugeot)在名单上紧随其后,拿下第二。作为欧洲老牌汽车生产企业的代表之一,它的历史悠久,徽标小狮子形象深入人心,并在"营造法国良好的形象能力"及"对法国经济影响力""三十五岁以下群体偏爱度"这些评选单项中收获了一波好评。

法国电力公司(EDF)则位列第三,作为一家国有企业在今年的票选中上升七位,赫然位列榜单前三,表现不俗。它是世界上规模最大的电力生产商之一,也是能源市场上的主力军,不仅肩负着法国公共服务的使命,还在水电、热能及可再生

法国电力公司

能源方面具有世界竞争力。它能入围榜单前列,也代表着在 2020 年疫情期间,法国人对公共部门的一种认可。

法国连锁超市集团勒克莱尔

法国连锁超市集团勒克莱尔(E.Leclerc)与装饰建材零售集团乐华梅兰(Leroy Merlin)分别位列第四、第五名。前五名中,连锁销售行

业占据三席,这直接印证了与法国人日常生活密切相关的连锁超市或专卖店更能获得大家的青睐。

而雷诺(Renault)、雪铁龙(Citroën)虽然退出了2020年度最受欢迎榜单的前五名,分别落位于第六与第九,但依然保持前十名的位置。雷诺轿车在中国大众的视野中出现不多,但它在法国拥有不可撼动的王牌企业地位。20世纪30年代的

20世纪30年代巴黎街头的雷诺汽车

巴黎,走在街头所见的绝大部分出租车、公共汽车均由雷诺公司出产,它的口碑在民众之间绵延至今,屹立不倒;而雪铁龙作为标致同一家公司的不同品牌,在法国的名声一直维持良好的势头,拥有庞大的客户群体。

在化妆品及奢侈品线中,唯一停留在前十榜单的只有伊夫黎雪(Yves Rocher),位列第七。这是一家主打自然有机的环保化妆品牌,对于热衷追求"绿色健康"的法国群众来说,非常博取好感,尤为受到女性的支持。法国奢侈品香奈儿(Chanel)和迪奥(Dior)虽不在综合排名的前列,但在展现法国良好形象评选中保持领先的优势,法国人认为它们最能代表法国的国际知名度。

法国空客(Airbus)相比2019年从第五下跌至第十名,但作为当代欧洲飞机制造业、研发企业的龙头,它仍是许多法国人最希望去工作的公司,尤其受到男性的热烈欢迎。

通过这份榜单可以发现,那些远离法国人日常生活的工业企业则在榜单上相对靠后,而这些位居前列的法国企业,法国人认为它们在品牌创新以及管理方面表现出色,一定程度上改善并提高了大家的生活质量,为法国人创造了更多的就业机会。这也侧面证明,在法国本地居民眼中,评价一家企业最重要的标准还是其经济增长及就业的影响力。

如若生活在法国,在其本土企业工作又是什么样的感受呢?

Pièrre:法国研究生毕业后,我顺利拿到了法国本地一大型IT公司的录用通知,这家公司业内在全球排名前列,属于收益不错的上市企业。在这儿工作几年后,我最大的感受便是在法国企业工作,非常注重公私分离,领导尊重每个人的私

生活,不随意加班。在提出加班申请之前,项目组会仔细过问每个人的意见,若自身不愿意也可直接拒绝。比起强迫加班,他们更提倡通过工作提升自我价值及享受当下家庭生活。其次,给我最大的感受便是人性化及制度化。法国规定只要从事受薪工作,每年即可享受五周带薪假期,大部分法国人都会将假期拆分为圣诞两周及暑期三周,而我作为一名中国人,为了每年春节回国时间长久一些会一次性请假五周。起初我会略带歉意地写邮件详细解释请假原因,然而上司只是痛快回复一句"没问题",并不在意我请假的原因。后来我发现,他们认为请假是不需要任何理由的,这是法律赋予你的权利。

WANG：我在法国的一家本土国企工作了两年,这家公司拥有非常典型的法国企业文化。我基于个人视角发现,若想要在我所就职的这家法企晋升职位,学历至关重要。例如,基层技术工种很少能直接晋升至总部的管理层,而中层管理层晋升高级管理层又存在一定的难度。通常来说,这家法企的总部管理层都要求拥有硕士文凭,而基层工种一般只需要本科甚至更低文凭即可。在法国,若只拥有本科文凭,在工厂做职员就几乎能一眼看得到最大限度的未来——管理分工厂,提升至总部的可能性很小。第二就是管理层之间的晋升,时常被法国人自己所诟病:打入高级管理层的默认硬性条件便是必须毕业于法国几所顶尖名校,若不符合这一条件则会很大概率丧失晋升的资格,这也是企业内部中层干部工作积极性不高,久久停滞不前的原因之一。总体说来,我所就职的这家公司内部结构呈典型的金字塔形分布,和学历有至关重要的联系。这所带来的弊端就是管理层没有经历过基层历练阶段,在制定政策时会忽视实际操作的可行性,引起基层的不满,导致集体抗议以及罢工的出现。

Noé：我所在的这家法国企业,除非身处负责人或是更高的职位,其余大部分人的工资都处于相同的中等水平。虽然很多人都会觉得,法国人的工作环境是出了名的轻松,但是在我司并非如此:我们需要保持24小时的手机畅通,一旦出现供应商方面的问题,二话不说也要立马从度假状态中脱离,马上处理。法国所谓的繁多假期只能保障基本的公众群体而已,对于我们中小型企业就要看老板的态度了。

DAI：对于我而言,我最喜欢的就是在这家公司上班的氛围啦！我的法国同事们热爱"八卦",时常聚在茶水间聊天,伴随着浓浓咖啡香讨论无伤大雅的话题,更像是晨间播报。我身边的法国同事都不会很晚下班，工作之外的业余活动也非常丰富，各种体育、舞蹈活动都得心应手。周末除了办派对之外，也会结伴一起登山、徒步。大部分法国同事都会将工作和生活的界限区别得很清晰，不是自己的工作绝对不插手，若属于自身的工作再多也会做到深夜。若你是内心较为佛系，工作上没有野心的人，那么在法国找一份无限期合同的工作，就可以过上安逸悠闲的日子。

你对法国企业文化又有怎样的见解呢？一起来讨论吧！

中法企业文化的差异，该如何化解？

随着法国企业在中国开展越来越多的投资活动，中法两国企业也开始选择以合资的方式进行活跃的商业合作。在中法合资企业开展合作进行中，企业文化差异也引起了管理者的重视。

首先，在中国企业文化背景下，我国传统文化深深影响了基本价值观的构建。"爱国""爱家"是最根本的基源，中国企业侧重"天人和谐"的思想，敬畏自然；而法国企业则追求

法国所追求的自由、平等、博爱

自由、平等，强调人的主体性，体现人文主义的思想价值观。

其次，在制度文化方面，例如在公司做出决策行为之前，中国企业会多次组织会议进行重重讨论，整体的决策程序复杂且较为漫长，表现为明显的集体决策性，这种特点集思广益且不易出错，但不能较快地应对市场的变化；法国企业的决策计划模式则快速且集中，能迅速跟上市场的节奏，但同时也带来了弊端：降低了决策的准确性及可信性，不利于长期发展。

最后，在用人管理方面，虽然两国企业都重视人本管理，在工作环境中尊重人，调动人的积极性及互助性。但在深入层面后会发现，法国企业虽然团体精神浓厚，但它基于人的个性思想之上，个人和集体之间体现互相平等的原则；而中国企业则以集体主义为重，在

工作上个人从属于集体,鼓励体现个人奉献与牺牲精神。

面对两国企业之间的文化差异,又该如何化解呢?

首先,需要做到尊重对方的文化差异,在不断的沟通交流之中建立互相尊重、平等共处、和平发展的基本原则。中法合资企业可以定期对员工进行对方风俗习惯、历史传统、语言文字、道德思想方面的文化宣传,通过举办各种文娱活动,提高对各自国家文化的认识与见解。通过对公司制度的考察,找出双方都可以接受的文化切入点,制定科学的企业文化管理模式,这样才能在面对意见分歧时,打破彼此之间的文化隔阂,做到求同存异,让不同国家的合作企业发展走得更加长远。

相关法语词汇

entreprise *n. f.* [ɑ̃trəpriz] 企业;举动;事业

法:Une entreprise internationale doit répondre aux besoins du marché.

英:An international company must meet the needs of the market.

中:一家国际企业必须满足市场需求。

compétition *n. f.* [kɔ̃petisjɔ̃] 竞争;比赛;比拼

法:Dans cette compétition internationale, comment se situent les marques chinoises ?

英:What is the position of Chinese brands in this international competition?

中:在这场国际竞争中,中国品牌的定位是什么?

chaîne *n.f.* [ʃɛn] 连锁;链条;连锁店

法:Le Carrefour est une chaîne de supermarchés de la France.

英:Crossroads is a supermarket chain in France.

中:家乐福是法国的一家连锁超市。

8.3 电商平台在法国 L'e-commerce en France

近几年来,在互联网科技的发展及市场需求的刺激下,法国已逐渐成长为继英国之后的欧洲第二大电商市场。根据相关数据统计,2018年法国电商市场价值达到1040亿美元,预计到2024年将达到1850亿美元,年增长率为10.04%,势头迅猛,实力不容小觑。

在法国电子商务和远程销售联合会(Fevad)及其合作研究机构2020年发布的主要电子商务指标摘要中显示,法国的互联网产品和服务的销售在2019年已达到1000亿欧元的产值高峰,其中产品销售占销售总额的44%,服务销售占56%。这项数值在通过企业数字转换及新服务的不断更新下,持续保持蓬勃的增长。

103,4 milliards d'€
+ 11,6 % par rapport à 2018
Source : Fevad iCE.

1,7 milliard
de **transactions** en ligne en 2019
+ 15,7 % par rapport à 2018
Source : Fevad iCE.

CA E-COMMERCE
(en milliards d'euros)

2015	62,9
2016	71,5
2017	81,7
2018	92,6
2019	103,4

Source : Fevad iCE.

2015—2019年全法电商销售增长数额

为什么法国电商消费数额能不间断地保持增长的趋势?

这一增长得益于智能手机使用数量的增加,它为消费者提供了前期价格对比、订购产品服务和追踪其物流动态的可能。在2019年,移动端互联网购物吸引到了法国众多消费者,每10个互联网用户中就约有3个人会从移动端进行消费,其中25~34岁的年轻人以及女性是这支队伍的主力军。

AMAZON (26 121 000 clients)
1 **53,7 %**

FNAC (13 115 000 clients)
2 **27,0 %**

CDISCOUNT (8 835 000 clients)
3 **18,2 %**

VEEPEE (6 616 000 clients)
4 **13,6 %**

E.LECLERC (5 404 000 clients)
5 **11,1 %**

● Couverture en % d'internautes ayant déclaré avoir acheté toutes catégories de produits (hors voyages).
Source : Médiamétrie//NetRatings - Enquête déclarative des sites d'achat sur les 12 derniers mois, septembre 2019.

2019年全法最受欢迎电商平台

对于大部分互联网用户来说,线上平台购物并不影响近距离范围内的线下消费,它更多为前往商业购物中心或是大型超市购物的替代选择。2019年被评选为法国人最常光顾的五大电商购物平台分别为:AMAZON,FNAC,CDISCOUNT,VEEPEE 和 E.LECLERC。除了名列第一的亚马逊之外,其余都是来自法国本土的电商平台。

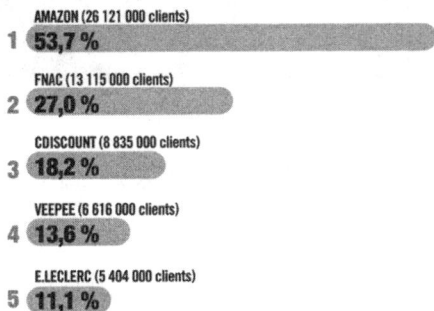

法国 FNAC 电商平台

FNAC 全称为 Fédération Nationale d'Achats Cadres，作为法国知名度较高的文化产品和电器产品零售商，它成立于 1954 年。起初经营廉价的照相机起家，以独特的经营理念在巴黎打下一片江山，如今在法国乃至国外已开设数十家线下门店。2009 年，FNAC 正式启用线上电商平台，主营业务涉及电子产品、文化音像制品及家居用品。它是欧洲增长速度最快的平台之一，月活跃用户超千万，产品范围广，客户忠诚度高。大部分法国人若想购买 3C 电子产品，往往首选 FNAC。

法国 CDISCOUNT 电商平台

CDISCOUNT 成立于 1998 年，总部位于波尔多，是法国目前最大的综合类电商平台。作为流量最高的电商之一，经营产品目录多达 40 余种，涵盖从母婴产品至食品、个人护理、家具电器不等，受到各大阶层群众的欢迎。2000 年，法国超商 Casino 集团为其投入资金，它将平台迅速扩张至亚洲、非洲、欧洲、南美洲四大洲。在中国，为了吸引我国电商卖家入驻，它还为此配备专门的中国招商队伍，扩大其国际化平台的多样性。

VEEPEE 的前身是 Vente-Privée，一家以私卖会为主要形式的电商平台，采用注册会员才可登录制度。它家网站内产品名录繁多，产品价格优势明显，但数量往往有限，是一家经常会引起不少法国女人早起为之疯狂抢货的购物网站。

E.LECLERC 是一家法国大型连锁超市，也是法国零售的龙头企业。它的线下门店经常开设在与市中心相对而言较为偏远的位置，但在同类

法国 VEEPEE 电商平台

竞争者中，它占据价格低的优势。门店经营范围广泛，从百货服饰、食品蔬菜到五金配件应有尽有，能满足极大部分人群的日常需求。为了扩大进一步的消费覆盖面积，它同步开启了线上门店平台，可供消费者在线下单。对于法国人来说，与其开车或是搭乘交通工具去偏远的线下门店采购，不如选择线上采购，他们认为，这样的网购方式也是在为保护环境做出一份贡献。

法国 E.LECLERC 电商平台

法国电商平台会在哪些节日进行大促?

"黑色星期五"和"网络星期一",是从北美洲吹来的购物风潮。从每年的11月初起,以亚马逊为首的电商平台纷纷开启一系列预热活动,FNAC、CDISCOUNT、VEEPEE等法国电商平台也不甘落后,从11月中旬开始到"黑色星期五"当天都会迎来狂热的促销活动。

从北美传来的"黑色星期五"

经相关数据研究发现,在感恩节过后的周一是网购销售量的一个小高峰,消费者在这一天尤为偏爱购买服饰类商品。这又让商家们为此开动了小脑筋:把黑色星期五过后的第一个周一设为"网络星期一",看,这又是一波促销!

圣诞节期间的大促

圣诞节在欧洲人民心中的地位不亚于春节在我国人民心中的位置。在圣诞节来临前的这一个月,电商平台会抓紧在这个时间段进行美妆、服饰及居家装饰的促销,为那些仍忙着工作,无暇逛街的人们在回家团聚前提供了一波线上购买礼物及圣诞装饰的好时机。

越来越多的法国人选择线上购物

法国一年两次的折扣季,是法国人民眼中的购物盛事,线下商家促销活动如火如荼,线上平台当然也不会错过。小到一支唇彩,大到一台家电,电商平台给出的折扣力度不亚于实体店,平时早就放进线上购物车的商品终于在这一刻得到下单的痛快!

线上购物已经成为法国人民日常的重要一部分,他们除了会在入驻本土电商平台的国外卖家下单之外,也会在国外网站直接进行购买。根据相关数据显示,越来越多的法国消费者还会光顾非欧盟国家的商家进行网购,在抵达法国的境外包裹中,数量位居第一的是中国,其次为美国。

由此看来,无论国籍与种族,跨越地域和时差,人类对于网购的热情都是无可阻挡的。从消费者的角度来说,选择的余地变得越来越多,而对于商家而言,整体竞争则愈加激烈了。

海外店家"勇闯"法国市场

面对法国电商市场的崛起,对于正在试图寻找新的地区业务,并计划登陆欧洲范围内单一数字化市场的中国卖家而言,无疑极具诱惑力。不少中国卖家想加入其中,进一步拓展国际业务,增加利润。

那么该如何顺利在法国电商平台闯出一片天呢?

1. 提高自身法语水平。

俗话说得好,语言是沟通的基础,流畅通顺的法语是入驻法国电商平台的第一步。法语本身语法结构复杂,表达方式多样,入驻产品的文字介绍需要通过专业人员审核校对来保证无阅读障碍。如果只依靠机器直译的法语去描述一件商品,不仅会让页面变得杂乱无章,也会造成消费者对产品的误解,销量无法得到提高。从消费者角度试想,若打开一件商品描述页面,发现字里行间语句不通,上下文语焉不详,言辞之间让人一头雾水,谈何有购物的冲动呢? 为了避免消费者在购物期间遇到糟糕的用户体验,电商平台对卖家在语言表达上有着严格的要求。

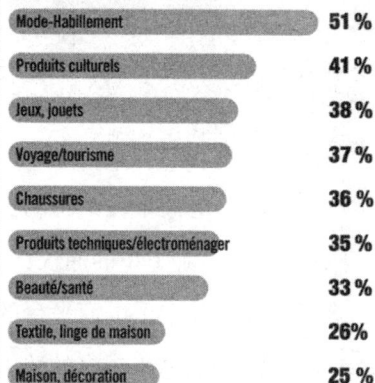

PRODUITS ET SERVICES ACHETÉS SUR INTERNET
Au cours des 12 derniers mois
En % des e-acheteurs

Mode-Habillement	51 %
Produits culturels	41 %
Jeux, jouets	38 %
Voyage/tourisme	37 %
Chaussures	36 %
Produits techniques/électroménager	35 %
Beauté/santé	33 %
Textile, linge de maison	26 %
Maison, décoration	25 %

Source : Baromètre Fevad/Médiamétrie, janvier 2020.

2019年全法电商平台最受欢迎商品排行

2. 了解消费者的消费习惯及需求。

这是海外卖家入驻法国本土电商平台之前最需要做的一件功课:做好前期的市场调查,充分满足消费者的需求。

在法国电子商务和远程销售联合会(Fevad)所发布的调查报告中可发现,在2019年,时尚服饰类、文化产品及游戏玩具类占据了法国人最爱网购产品的前三名。中国卖家在开发当地市场时应根据本地人的喜好,综合自身产品的优势,让法国消费者认可以及信赖丰富多元、物美价廉的中国商品。

在电商平台支付方式的统计数据表中显示,法国人在网购付款时更偏好用银行卡结账,所占比例为总量的80.1%,其次也会用电子钱包、转账或是支票等形式进行买单。海外商家在设置付款方式时应提供多种不同付款模式,确保买家顺利下单成功。

随着法国电商发展渐渐成熟,物流体系搭建逐步完善,法国人对物流的要求也变得更加严格,尤其在运费以及附加服务上格外看重。一家店的评价或是纠纷率通常有一部分原因取决于物流环节的质量。

大部分传统思维的法国消费者依然喜欢在家收货,但线下提货及送至收货储物柜的运送模式也变得越来越受欢迎。中国卖家若是想在这片市场取得优势,必须在这个方面下足功夫:除了要选择靠谱的物流渠道,还可以通过减免运费或是增加相关服务来获得法国消费者的购物热情,例如最大限度地让用户知道店铺提供的物流运送方式,确保顾客在取货时有工作人员在旁接受咨询,保证服务质量。

MODES DE PAIEMENT UTILISÉS
En % du CA e-commerce vente de produits 2018.

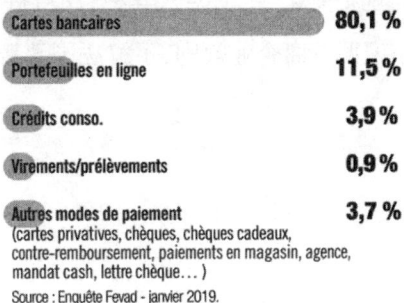

Cartes bancaires	80,1 %
Portefeuilles en ligne	11,5 %
Crédits conso.	3,9 %
Virements/prélèvements	0,9 %
Autres modes de paiement	3,7 %

(cartes privatives, chèques, chèques cadeaux, contre-remboursement, paiements en magasin, agence, mandat cash, lettre chèque…)
Source : Enquête Fevad - janvier 2019.

2019年全法电商平台支付方式排行

MODES DE LIVRAISON UTILISÉS

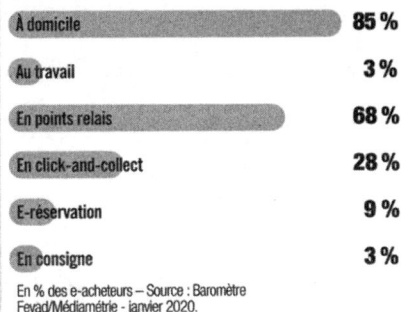

À domicile	85 %
Au travail	3 %
En points relais	68 %
En click-and-collect	28 %
E-réservation	9 %
En consigne	3 %

En % des e-acheteurs – Source : Baromètre Fevad/Médiamétrie - janvier 2020.

2019年全法电商物流偏好排行

3. 提高售后服务质量。

在法国,无论是线上还是线下的售后服务都秉承着较高的水准,提供规定时间内的无理由退换货及卖家承担费用的服务,最大限度地保障买家的权利。因此中国卖家打入法国本土市场后,也要适应当地规则,多一分耐心,少一分急躁,在售后沟通中尽可能站在法国消费者的角度以减少纠纷。

优秀的售后服务不仅能提升店铺形象,收获消费者的好感度,同时也能增加客户的忠诚度,这对于经营一家网店来说,只有好处,没有坏处。

4. 做到合法化及正规化。

法国电商平台面向入驻商家需遵守的规章条例制定得非常详细,对于存在欺诈、违规、侵权等行为的卖家都会做出"零容忍"的惩罚。作为海外卖家,除了打造自身品牌形象,更应维护自身国家形象,对于"山寨"产品或是故意刷单等行为需三思而后行,一旦被平台发现,必定面临关店甚至法律层面诉讼的风险,导致因小失大。

总而言之,中国卖家作为外来者,若是想在法国的电商市场分一杯羹,的确会在发展初期处于弱势地位,面临信息不对称的尴尬境地。但唯一能做的便是尽快适应海外平台的规则变化,主动融入其中,用可持续发展的眼光看待在平台中所遇到的不对等行为,严格遵照电商企业规则,了解法国消费者行为习惯,为长远规划做好充足的打算。

还想知道更多关于法国电商平台数据以及消费者需求?

相关法语词汇

commerce *n. m* [kɔmɛrs] 商业;贸易;生意;店铺

法:Notre entreprise veux effectuer vigoureusement le commerce international.

英:Our company wants to be active in international trade.

中:我司想积极扩展国际贸易。

bénéficier *v. t. indir.* (+ *de*) [benefisje] 得到(好处);享有

法:Outre la poursuite du développement de l'offre en ligne, le e-commerce bénéficie également d'une nouvelle augmentation du nombre d'acheteurs et de leur usage grandissant du mobile.

英:In addition to further development of online supply, e-commerce also benefits from a further increase in the number of buyers and their use of mobile devices.

中:除了进一步发展在线供应之外,电子商务还受益于买方数量的进一步增加及其对移动设备使用的增加。

livraison *n.f.* [livrɛzɔ̃] 交货;交付;付货;送货

法:La livraison est gratuite sur les commandes de plus de 50 euros.

英:Delivery on the order is free of charge over 50 euro.

中:超过50欧元的订单免运费。